Fat Acceptance

»Substanz«

Anne Sophie Menzinger

Fat Acceptance

Positionen und Praxen einer körperpolitischen Bewegung

Marta
press

Die Deutsche Bibliothek verzeichnet diese Publikation
in der Deutschen Nationalbibliografie.
Detaillierte bibliografische Daten sind im Internet abrufbar unter
http://dnb.d-nb.de

Besuchen Sie uns auch im Internet:
www.marta-press.de

1. Auflage September 2017
© 2017 Marta Press UG (haftungsbeschränkt), Hamburg, Germany
www.marta-press.de
© Umschlaggestaltung: Niels Menke, Hamburg,
© Coverillustration: Mirko Röper, Hamburg.
Printed in Germany.
ISBN 978-3-944442-67-9

*„Erst nachdem ich anfing zu akzeptieren,
dass mein Wert als Person nichts damit zu tun hat,
wie mein Körper für andere Menschen aussieht,
erlaubte ich mir, den Raum zu nehmen, den ich brauchte,
und die Macht zu entwickeln,
nach der ich mich so sehnte."*

(Laurie Penny 2012: 68)

Inhalt

Vorwort

Während meines Heranwachsens spielte Körpergewicht eine sehr wesentliche Rolle für mich. Meine prominenten Vorbilder wurden in der *Bravo* und anderen Magazinen, die meine Mitschüler_innen und ich lasen, für ihre sichtbaren Gewichtszunahmen gerügt. Anderseits wurde in voyeuristischer Vortäuschung des Entsetzens über ,abgemagerte' prominente Körper gelästert.

Von den körperbeschämenden Maßregeln der Prominenten, die etwas zugenommen hatten abgesehen, gab es kaum dicke, und vor allem kaum weibliche oder nicht binärgeschlechtliche, dicke Vorbilder in diesen Medien. Dicke Menschen wurden hier nicht repräsentiert, sie wurden unsichtbar gemacht, und wenn sie sichtbar waren, wurde ihr Dicksein als Makel hervorgehoben.

Meine Mitschüler_innen und ich übernahmen die propagierten Körperideale unhinterfragt. Der allgemeine Tenor unter uns war: „Wenn du dick bist, liebt dich keiner." und „Je dünner, desto besser." Mein Ernährungsverhalten in dieser Zeit war dementsprechend von heimlichen Diäten und der ständigen Sorge über eine mögliche Gewichtszunahme geprägt.

Die Pubertät kann gewissermaßen als Brennpunkt verstanden werden, in deren Entwicklung viele Menschen durch verschiedenste Krisen hindurch die gesellschaftlichen Normvorstellungen von (Geschlechts-)Identitäten verarbeiten. Es ist ein Alter, in dem wir besonders empfindlich für die Erwartungen Anderer sind, und in dem die Unzulänglichkeitsgefühle, insbesondere im Verhältnis zum eigenen Körper, durch mediale Repräsentationen stark genährt werden können. Dennoch: Ich war von meiner Körperstatur schlank und musste mich nie mit der Art von Ausgrenzung beschäftigen, der dicke Teenager ausgesetzt sind.

Meine eigene Rolle bei der Ausgrenzung dicker Mitschüler_innen wurde mir erst Jahre später bewusst. Meine Ängste vor dem Ausgeschlossensein in der Klasse und das Ringen um Beliebtheit in dieser Zeit ließen mich zunächst Kreise, in denen bestimmte Privilegien eine Rolle spielten, aufsuchen.

Jahre später stieß ich über Freund_innen und durch queerfeministische Kontexte und Internetblogs immer wieder auf die Bewegung, die sich „Fat-Acceptance" nannte. Ich fragte mich: Was ist das für eine Bewegung? Was sind ihre Argumente? Was wollen sie? Wer zählt sich dazu und welche Hintergründe gibt es?

Ich wurde neugierig und fing an, zu diesem Thema umfangreich zu recherchieren. Im Zuge dessen wurde mir auf meiner *Facebook*-Timeline zunehmend Werbung für Diäten und Fitnesskurse angezeigt. Die Wirkung dieser Werbung auf mich war verblüffend: Ein kleiner prüfender Blick von mir in den Spiegel, ein flüchtiger Gedanke, ob ich zugenommen haben könnte, ein Wiederaufleben gewichtsbezogener Selbstzweifel.

Durch die zunehmende Auseinandersetzung mit Fat Acceptance fiel mir auf, dass ich viele meiner bisher unbewusst wirkenden Vorurteile und Stereotype aufdecken, eine andere Haltung zu meinen Privilegien als dünne Person finden und auch eine neue, selbstbewusstere Beziehung zu meinem eigenen Körper entwickeln konnte.

Unter was für einer fordernden Beobachtung das Körpergewicht steht, ist eine weitere Motivation für mich, den Gegenentwurf der Fat-Acceptance-Bewegung darzustellen und zu diskutieren. Dass ich über diese Bewegung schreibe, soll jedoch kein Versuch der Aneignung sein. Mehr ist es eine Annäherung und Ausei-

nandersetzung mit den Argumenten, Ursprüngen und Hintergründen der Bewegung, ohne Anspruch auf Vollständigkeit.

                                        Die Autorin, 2017

Einleitung

Dicke Körper werden in Film und Medien immer wieder in entwertenden Kontexten dargestellt. Sie werden verwendet für satirische Überzeichnungen, sie dienen als erschreckende Beispiele in Gesundheitsdebatten, werden entmenschlicht dargestellt, verhöhnt, unsichtbar gemacht oder bemitleidet (vgl. Schorb 2015: 213). Von staatlichen Kampagnen werden sie als Beispiel für schlecht ernährte Kinder aus dem Arbeitermilieu gedeutet, im Gesundheitsdiskurs als epidemische Bedrohung inszeniert[1], von der Werbebranche werden sie als Negativfolie, für die Diätindustrie als Worst-Case-Szenario illustriert, und selbst in kapitalismuskritischen Protestbewegungen werden sie als Metapher für gierige Großkonzerne oder Konsumsucht verwendet (vgl. Mollow/ Mc Ruer 2015, 30 ff.).

Körperfett ist längst nicht mehr, wie bis Ende des 19. Jahrhunderts, ein Symbol für Reichtum und Erfolg, sondern wurde zur Jahrhundertwende mit Maßlosigkeit, Gier, Faulheit und anderen negativen Attributen verbunden, während Dünnsein im puritanischen Sinne mit Fleiß, Reinheit und Enthaltsamkeit assoziiert wurde (vgl. Stearns 1997: 3 ff.). Diese kulturelle Bedeutung von Fett wirkt sich auch auf die sozialen Verhältnisse aus. So hängt die Stigmatisierung von Körperfett mit einer Präventiv- und Sanktionspolitik zusammen, die private Lebensgestaltungsbereiche der Ernährung und Bewegung durch eine Betonung der Eigenverant-

---

[1] Die WHO stufte „Adipositas" als epidemische Bedrohung und weltweites Gesundheitsrisiko ein. (WHO 2000)

wortung für gesundheitliche Folgen zu regulieren versucht. Die verschiedenen Narrationen zu Körperidealen und die aktuellen Gesundheitsdiskurse geben einerseits einen Einblick in eine gesellschaftliche Ordnung von (neoliberalen) Selbststeuerungsprozessen. Gleichzeitig sind sie, wie ich aus einer intersektionalen Perspektive zeigen werde, Ausdruck verschiedener sich wechselseitig verschränkender, historisch gewachsener Machtverhältnisse, in denen Geschlecht, Klasse, (Dis-)Ability, ‚Race' und Sexualität eine Rolle spielen. Die erfolglosen Versuche staatlicher Interventionen, eine vermeintliche Adipositas-Epidemie zu bekämpfen, verfehlen jedoch diese kulturelle Metaebene und zielen an einer Problemlösung für die oft prekäre Situation von Menschen, die sich gesellschaftlich als zu dick erleben, vorbei (vgl. Schorb 2015b: 2).

Seit einigen Jahren wird eine neue Akteurin auf der politischen Bühne sichtbar, die sich zum Thema Körperfett in einer radikalen Abgrenzung zum Gesundheitsdiskurs positioniert: Die Fat-Acceptance-Bewegung.

Die Akteur_innen dieser Bewegung gehen davon aus, dass in aktuellen Diskursen Ursache und Wirkung verwechselt werden: „Nicht das Dicksein selbst, sondern die damit einhergehende Verunsicherung und Diskriminierung in allen gesellschaftlichen Sphären habe Schuld an der prekären sozialen und gesundheitlichen Lage dicker Menschen." (ebd.: 2)

Beginnend in den 1970er Jahren, positionierten sich erste Akteur_innen der sozialen Bewegung für eine Anerkennung dicker Körper als gleichberechtigten Ausdrucks von Körpervielfalt, gerieten jedoch Mitte der 1980er wieder in den Hintergrund.

Erst seit den 1990er Jahren wird immer mehr über die Bewegung berichtet und geforscht. In Blogs, Podcasts und anderen sozialen Medien werden deren Anliegen verbreitet. Neue Gruppen und Plattformen treten auf den Plan, und mit den sogenannten *Fat Studies*, die sich in einigen Universitäten in den USA, Australien und England im Curriculum etabliert haben, zeigt sich zunehmend auch ein Interesse an dem Thema von akademischer Seite (vgl. Farrell 2011: 20; vgl. Schorb 2015: 233).

Doch welches Politikverständnis, welches Ethos vertritt die Bewegung? Wo sind die Positionen und Praxen der Fat-Acceptance-Bewegung ideologisch zu verorten, und inwieweit sind die theoretischen Bezüge einzugrenzen? In welche etwaigen Widersprüche gerät der Fettaktivismus in seinem Politikverständnis und seinen Identitätskonzepten hier? Anhand dieser Fragen wollte ich mich den Konzepten und Anliegen der Fat-Acceptance-Bewegung nähern und einen Blick auf die Praxen und Positionen dieser Bewegung werfen.

Mit der Frage im Hinterkopf beginnend, welche zentralen Forderungen die Bewegung hat und wer ihre Akteur_innen sind, musste ich schnell feststellen, dass diese stark differieren, je nachdem welche Gruppe oder Einzelperson spricht, welches Identitätsverständnis hier formuliert wird und welche weiteren Bezüge sie artikuliert.

Den thematischen Hintergründen dieser Auseinandersetzung liegen weit aufgefächerte Zugänge und Fachbereiche zugrunde. So unter anderem spielen soziologische, sozialpsychologische, geschichtliche, kulturwissenschaftliche, medienwissenschaftliche und diskurstheoretische Zugänge eine Rolle.

Theoretische Zugänge wie die *Queer Studies* und die *intersektionale Mehrebenenanalyse* bieten eine Perspektive, die, wie ich später zeigen werde, häufiger Ausgangspunkt dicker_fetter[2] Artikulationen sind. Gleichzeitig machen diese Zugänge aber auch einen wesentlichen Bestandteil meiner Herangehensweise aus, und werden deshalb in einer Untersuchung der Stigmatisierung von Dickleibigkeit zum Ausdruck kommen. In der Beschäftigung mit den Widersprüchen zwischen den identitätspolitischen Formgebungen der Bewegung und den dekonstruktivistischen Bezügen jener werde ich daraufhin tiefer auf deren theoretischen Hintergründe eingehen, um mich der Frage zu nähern, wer in dieser Bewegung eigentlich für wen spricht.

Zunächst geht es um die Erörterung der Frage, warum es eine Bewegung gibt, die dafür kämpft, dass Dicksein akzeptiert wird. Hier skizziere ich die Diskriminierung als Alltagsrealität für viele dicke Menschen und stigmatisierende Tendenz in Gesundheitsdiskursen. Danach gehe ich auf die kulturell geprägten Vorstellungen von Idealkörpern und ihren beschämenden Einfluss auf die Beziehung zum eigenen Körper ein. Diese verstehe ich als Ausdruck von Machtverhältnissen, die in den privaten Bereich der Körperlichkeit einwirken und hier einen wesentlichen Teil des Verhältnisses zur Gesellschaft ausmachen. Die kulturhistorischen Hintergründe der veränderten gesellschaftlichen Wahrnehmung von Körperfett führe

---

[2] Die Auseinandersetzung damit, welche Begriffe verwendet werden ist wichtig, um den Wirkmacht von Sprache auf unser Denken und damit auf unsere gesellschaftlichen Verhältnisse Rechnung zu tragen. Medizinische Beschreibungen wie „adipös" oder „übergewichtig" werden von den Vertreter_innen der Fat-Acceptance-Bewegung abgelehnt, da diese von einem den Normbereich markierten Gewichtsbereich ausgehen und dicke Menschen als abweichend konstruieren. Auch euphemistische Bezeichnungen wie „mollig", „rund" oder „füllig" werden aufgrund ihrer verniedlichenden Tendenz abgelehnt (vgl. Barlösius 2014: 7ff.). Ich verwende hier die Begriffe „dick" oder „dick_fett", die von einigen deutschen Fettaktivist_innen verwendet werden.

ich auf, um die in den Körperdeutungen zum Ausdruck kommenden kulturellen Narrative offenzulegen und diese Deutungen von Körperfett als konstruiert zu verstehen. Dieser Teil bereitet zudem auf das intersektionale Selbstverständnis und die Abgrenzung von Gesundheitsdiskursen vieler Akteuer_innen der Fat-Acceptance-Bewegung vor.

Im zweiten Teil gebe ich einen Überblick über die Positionen des Fettaktivismus, dessen theoretischen Hintergründe und wer die Akteur_innen der Fat-Acceptance-Bewegung sind. Hier skizziere ich, wie die frühe Entstehung dieser Bewegung aussah, welche Positionen dabei von Relevanz waren und welche Widersprüche hier bereits auftauchten. Die Abgrenzung der Bewegung vom Gesundheitsdiskurs wird als wichtigste Grenze zu anderen körperpolitischen Bewegungen, wie etwa der Anti-Diät-Bewegung und ihren medizinisch-naturwissenschaftlichen Argumenten, aufgestellt und in ein Verhältnis zu gesellschaftspolitischen Fragestellungen gebracht. Hiernach wird die *intersektionale Mehrebenenanalyse* als theoretischer Bezug und Analyseinstrument dargestellt. Sie ermöglicht eine Positionierung, die die geschichtliche Entstehung der Angst vor Körperfett und deren Verbindungen zu anderen sozialen Kategorien einbezieht. Im Anschluss werde ich kurz auf die Akteur_innen der Bewegung eingehen. Auch inwieweit sich der Fettaktivismus in Deutschland verbreitet hat, wird hier Erwähnung finden.

Die konträren Positionen in der Frage nach dem „Wir" der Bewegung möchte ich skizzieren, um zu zeigen, dass hier einerseits eine identitätspolitische Formierung erforderlich ist, um Forderungen stellen zu können und gleichzeitig essentialistischen Vorstellungen von Dicksein den Unterschieden in den Formen der Betroffenheiten und Anliegen nicht gerecht werden können. Die Dekonstruktion dieser Zuschreibungen und dicke Identität performativ im Sinne eines queeren Selbstverständnisses zu verstehen, spielt hier eine immer wichtigere Rolle und wird hieraufhin dargestellt. Zuletzt werden diese Positionen auf die aktuellen theoretischen Verbindungen von Queer zur intersektionalen Mehrebenenanalyse als wichtige Entwicklung des Fat Activism bezogen.

Das Thema Körper und Gesellschaft erfährt in der Soziologie und den Kulturwissenschaften wachsende Aufmerksamkeit. Dementsprechend groß ist der Forschungs- und Literaturbestand, und wächst insbesondere mit Themenbezug zur Fat-Acceptance-Bewegung stetig an. Von daher werde ich nur ausgewählte und themenbezogene Autor_innen referieren und ein verhältnismäßig kleines Fenster in dem weiten Spektrum aktueller Literaturbezüge aufmachen können.

Warum Fat Acceptance?

„Der Körper stellt eine Öffnung zur sozialen Welt dar, die durch permanenten Austausch in ihn eindringt" (vgl. Bourdieu 2001: 180 nach Barlösius 2014: 30) Durch ihn erleben wir unser Umfeld, und durch ihn beeinflussen und strukturieren wir unsere soziale Umwelt. Der Körper kann hinsichtlich seiner sozialen Bedeutung gleichzeitig auf zwei Ebenen gelesen werden: Dahingehend, was sich in ihm an kulturellen und gesellschaftlichen Ordnungen speichert, also *verkörperlicht* (vgl. Barlösius 2014: 30) wird, oder dahingehend, welche Deutungen und Bewertungen mit Körpern verbunden werden und wie diese gesehen werden, also was sie *verkörpern* (vgl. ebd.).[3]

Körperfett wird gesundheitspolitisch immer stärker problematisiert und bekämpft. In aktuellen Debatten wird von einer Adipositas-Epidemie gesprochen, die für ein überlastetes Gesundheitssystem verantwortlich gemacht wird und einen Rückgang der Lebenserwartung ganzer Bevölkerungsteile ausgelöst habe (vgl. Schmidt-Semisch/ Schorb 2008: 7). Diese gesellschaftliche Problemwahrnehmung ist in ihrer Deutung „zur Schicksalsfrage moderner Gesellschaften" (ebd.: 14) geworden, für die das Individuum zunehmend zur Verantwortung gezogen wird. In dieser Wahrnehmung wird Dicksein nicht nur als gesundheitspolitisches Thema,

---

[3] Die Soziologin Eva Barlösius (2014) unterscheidet zwischen den Begrifflichkeiten der „*Verkörperlichung*" (30) als „körperliche[n] Ausdruck gesellschaftlicher Erfahrungen" (ebd.) und „Inkorporierung der Gesellschaft" (ebd.) im Unterschied zu der „*Verkörperung*", die als eine Lesart und Bewertung seiner „Gestalt, Mimik und Gestik als Verkörperungen seiner sozialen Geschichte" (ebd.) verstanden werden kann.

sondern auch als vermeintlich finanzielle Belastung und gesellschaftliche Bedrohung gehandhabt. Diese Politik, die den individuellen Konsum und damit die Gesundheit der Bevölkerung zu regulieren versucht, fokussiert sich in ihren Anforderungen immer stärker auf die Verantwortung des Einzelnen.

Diätkultur, Enthaltsamkeit und Selbstregulation sind nicht unbedingt neue, jedoch immer stärker staatlich geförderte Formen neoliberaler Individualisierungsprozesse. Programme wie „Fit statt Fett" (Lessenich 2009: 126), die von der Bundesregierung als „Nationale[r] Aktionsplan" (ebd.), als Teil einer vermeintlichen Präventivpolitik in die Wege geleitet werden, verdeutlichen den aktivierenden Charakter dieser Politik.

Die Trennung zwischen einer selbstdisziplinierten, fitten „Körperklasse" (Kreisky 2008: 147) und einer, die zur richtigen Ernährung *erzogen* werden soll, wird von Lessenich (2009: 126) und Schorb (2015: 24) als hervorstechende Dynamik der Adipositas-Narration verstanden. Lessenich spricht hier unter anderem von einer „Überhöhung des Aktivischen", einer „Fetischisierung der Bewegung" (ebd.), welche zu einer „zentralen Spaltung des Sozialen" führe (ebd.) und für „sozialen Druck" sorge (ebd.). Das Gegenstück zum Dicksein, der schlanke Idealkörper, wird als fitter Leistungsträger mit positiven Eigenschaften wie Flexibilität, Dynamik, Disziplin, Gesundheit und Aktivität kontrastiert. Dieses Gesundheitsparadigma erlaubt zunehmend den Eingriff in die privaten Lebensbereiche des Ernährungs- und Bewegungsverhaltens (vgl. Schorb 2008: 13). Wer dick ist und krank wird, ist dieser Logik nach ‚selber schuld' und stellt dementsprechend darüber hinaus eine Zumutung für das Gesundheitssystem dar. Neben verhaltensorientierten staatlichen Präventivinterventionen, dem Stopp des Verkaufs von Süßigkeiten an Schulen und regelmäßiger Kontrollen des Body-Mass-Index (BMI) von Kindern, Elternberatung für die

Eltern dicker Kinder, Datenbanken für die Fitnesswerte von Jugendlichen, die auf die Veränderung des Essverhaltens abzielen, nehmen die Sanktionen bei abweichendem Verhalten der „Präventivverweigerer" (ebd.: 8-13) zu: „Die Gesundheitsgesellschaft reagiert zunehmend intolerant auf alle, die von ihrem Ideal eines vernünftigen und gesunden Lebens abweichen." (Ebd.)

Mit Betonung der Eigenverantwortung werden Menschen mit einem als ungesund bewerteten Lebensstil bei Erkrankungen immer häufiger dazu aufgefordert, die Konsequenzen selber zu tragen. Dass hier ein überlastetes Gesundheitssystem als Argument ins Feld geführt wird kann als repräsentatives Symptom der Verschiebung des Gesundheitswesens von einer gesamtgesellschaftlichen Aufgabe hin zur individuellen Verpflichtung verstanden werden.

Die Ungleichheitsvorstellungen zwischen dicken und dünnen Körperbildern werden aus dieser Perspektive nicht nur als Legitimationsgrundlage für eine weit verbreitete Bevormundung dicker Personen verwendet, sie dienen auch einem anderen, sehr viel schwerer nachzuvollziehenden Zweck. Die Stigmatisierung von Dickleibigkeit ist, wie ich im Folgenden zeigen werde, auch als Strategie der (subjektiven) Machterhöhung durch Entwertung und der Projektion von unerwünschten Ängsten und Selbstanteilen dienlich. Dicke Körper werden in eine Erzählung eingebunden, die einen zivilisierten, dynamischen und dünnen Körper als erstrebenswerten Idealkörper entwirft.

Ich gehe davon aus, dass (gesundheits-)politische Diskurse und Interventionen mit individuellem, diskriminierendem Verhalten und sozialen Interaktionen in einer Wechselwirkung stehen. Gleichzeitig nehme ich an, dass eine medizinische Problemlage bestehen kann und dennoch die stereotypisierenden Rhetoriken aktueller Diskurse in Frage zu stellen sind. Denn, wie ich aufzeigen möchte, unabhängig von den Folgen eines hohen Körpergewichts für die Gesundheit dicker Menschen lässt das dahinter stehende Körper- und Menschenbild und damit einhergehende Diskriminierungserfahrungen soziale Ungleichheiten und eine große psychische Belastung für die Betroffenen entstehen.

Stigmatisierung von Dickleibigkeit und Körperscham

Entwertung und Beschämung gehören zu gängigen kulturellen Praxen im Umgang mit dicken Menschen. Welche Prozesse liegen der Stigmatisierung zugrunde und was verraten die Affekte der Scham und der Ablehnung über die psychosozialen Zusammenhänge von Stigmatisierung, Identität und Idealkörper? Stuart Hall beschreibt die Funktion der Stigmatisierung in seiner Auseinandersetzung mit rassistischen Stereotypen als Versuch, eigene Anteile auf Andere zu projizieren:

„In Difference and Pathology (1985) schreibt Sander Gilman, dass Stereotypisierung immer beinhaltet, was er (a) die Spaltung in ein ‚gutes‘ und ein ‚schlechtes‘ Objekt und (b) die Projektion von Furcht auf den Anderen nennt." (Vgl. Gilman 1985 nach Hall 2013: 151)

Auch das Stereotyp, das Personen, die als zu dick wahrgenommen werden, zugeschrieben wird, kann dieser Lesart nach als ein Hinweis auf die Tabuisierung und innerpsychische Abspaltung von den Eigenschaften, die diskursiv mit Dicksein verbunden wurden, verstanden werden.

„Faul, gefräßig, gierig, unmoralisch, unkontrolliert, dumm, hässlich, schwach im Willen, primitiv" (Farrell 2011: 34, Übersetzung d. Verf.): Diese stereotypisierenden Eigenschaften beschreibt

Amy Erdman Farrell in ihrer kulturhistorischen Analyse als Zuschreibungen, die schon im 19. Jahrhundert mit dicken Körpern assoziiert, im Nachhinein mit dem Gesundheitsdiskurs verbunden wurden und bis heute fortwirken (vgl. ebd.). Die Eigenschaften, die dicken Körpern zugeschrieben werden, verdichten sich normativ in einer Beurteilung des Handelns von als zu dick wahrgenommenen Personen und stellen diese unter strenge Beobachtung. Die strengen Gebote zur Orientierung an Diäten und sportlicher Betätigung übersehen einerseits die Lebensbedingungen, körperlichen Veranlagungen und sozialen Realitäten der Betroffenen. Gleichzeitig sprechen sie dicken Personen die eigene Entscheidungsfähigkeit in Bezug auf ihr Ernährungs- und Bewegungsverhalten und damit über ihren Körper ab. Zudem nehmen die Stereotypisierungen von dicken Menschen Vorurteile über ihr Verhalten an, und unterstellen ihnen eine ungesunde Lebensweise, ungeachtet der vielfältigen Hintergründe von Dickleibigkeit.

Neben dem wirksamen Adipositas-Narrativ, das den dicken Körper als Umweltkatastrophe, Epidemie und gesellschaftliche Bedrohung inszeniert (vgl. Schorb 2015b: 1) und den hieraus entstehenden Vorschriften zur sportlichen Betätigung und gesunden Ernährung, haben Betroffene in ihrer Alltagsrealität mit ganz konkreten Diskriminierungserfahrungen und institutionellen Einschränkungen zu leben. Viele erfahren abwertende Blicke und Zurufe sowie Ausschlüsse aus Infrastrukturen wie Bus, Bahn, Fahrstühlen und Flugzeugen in der Öffentlichkeit. Aus Angst davor, als ‚raumeinnehmend‘ wahrgenommen zu werden, vermeiden viele dicke Menschen eng konzipierte, öffentliche Orte. Im privaten Bereich erleben einige eine Nichtwahrnehmung als sexuelle Wesen bei gleichzeitiger Markierung als *anders*. Neben der Verweigerung der Verbeamtung ab einem Body-Mass-Index von 30, sowie Zusatzgebühren in Flugzeugen und Diskussionen über erhöhte Krankenkassentarife für dicke Menschen, lassen institutionelle Regulationen zusätzlich eine finanzielle Benachteiligung entstehen (vgl. Schmidt-Semisch/Schorb 2008: 13). In diversen soziologischen Studien wurde eine Korrelation „mit den jeweils dominanten sozialen Strukturierungsprinzipien wie Klasse, Rasse, ethnische Zugehörigkeit und Geschlecht" nachgewiesen (vgl. Wardle et al. 2006; Hanson/Chen 2007, Flegal/Troiano 2000; Mensink et al. 2013 nach Barlösius 2014: 19) Insbesondere Armut ist eng mit Dicksein verknüpft. Hier wird immer wieder die Frage gestellt, ob Armut und ein damit einhergehendes milieuspezifisches Ernährungs- und Bewegungsverhalten, aber auch hierdurch entstehende Stressoren, Dickleibigkeit begünstigen würden oder anders herum, Dicksein ein erhöhtes Armutsrisiko mit sich bringe.

Barlösius (2014: 67ff.) beschreibt den Zusammenhang als Wechselwirkung und nennt mehrere Studien, die eine Benachteiligung in „Beruf, Schule und Ausbildung und im Gesundheitswesen" (ebd.: 20) von dicken Personen nachweisen. In ihrer umfangreichen Studie befragt sie dicke Jugendliche und Kinder, sowie deren Eltern zu ihren Erfahrungen mit dem Dicksein, mit Ernährung und mit ihrer sozialen Umwelt und überträgt die Ergebnisse auf körpersoziologische Überlegungen.

Die Alltagsrealitäten von Diskriminierung schließen auch mediale Darstellungen von dicken Personen, die gemeinhin geltende Orientierung an einem schlanken Körperbild, sowie subtile Abwertungserfahrungen in sozialen Interaktionen ein, welche auf Menschen mit von der Norm abweichender Körperform beschämend wirken. Der Wunsch, unbedingt abnehmen zu müssen und diesem Druck nicht gerecht werden zu können, wird für Viele ein belastendes und ständig präsentes Thema. Dies kann sich zu einem bleibenden Unwohlsein im eigenen Körper, emotionaler Dauerbelastung und/oder sozialer Isolation entwickeln. Die hier erlebten Gefühle von Scham und Unterlegenheit werden umso stärker erlebt, je mehr das Gefühl des persönlichen Versagens eine Rolle spielt und haben dadurch auch etwas mit der Klassenzugehörigkeit zu tun (vgl. Neckel 1991: 249, Barlösisus 2014: 19). Je erfolgreicher eine Biographie und je besser der soziale Status ist, desto weniger spielt Körpergewicht hingegen eine Rolle. Barlösius (2014: 72) fasst ihre Grundannahme damit zusammen, dass „Dicksein [...] zuallererst eine gesellschaftliche Erfahrung [ist], die durch soziale Interaktionen sowie die physische Welt vermittelt wird."

In dem Gefühl der Scham verbindet sich die Sorge vor Unterlegenheit mit der Angst vor Ausgrenzung, Entwertung und Verurteilung. Hier ist ein soziales Moment repräsentiert, in dem Vorstellungen über Ungleichheit, Machtunterschiede und Wertigkeiten gebunden sind. Sighard Neckel (1991: 17) beschreibt in seinem Buch „Status und Scham: zur symbolischen Reproduktion sozialer Ungleichheit" die soziologische Relevanz dieses Gefühls als Ausdruck von Machtwirkungen und der Reproduktion von Ungleichheitsvorstellungen: „Machtunterschied und Ungleichheit gehören zusammen, gemeinsam prägen sie auch das Erleben von Scham." Auch die Körperscham von dicken Personen untersucht Neckel und meint, dass hier die an einem schlanken Gewichtsideal orientierten „Körpernormen einer sozialen Schicht" (ebd.: 246) zum „Leitmodell der Gesellschaft im Ganzen" (ebd.) werden.

Neckel versteht die „Körperscham als eine »Klassenscham« [...]." (Boltanski 1976: 170 nach Neckel 1991: 246) und untersucht die Momente der schamhaften Interaktionen als versteckte Hinweise auf ihre gesellschaftlichen Funktionen.

Die Scham über den eigenen Körper verdichtet die Anforderungen und gesellschaftlichen Verpflichtungen, einem bestimmten Körperbild entsprechen zu müssen und setzt sich hiermit in Beziehung. Sie spielt in dem Verhältnis von Körper und Gesellschaft eine entscheidende Rolle. Eine an den Werten von Selbstoptimierung und -steuerung orientierte Gesellschaft ist in diesem Gefühl *verkörperlicht*. Scham ist ein Gefühl, durch das Autobiografien und Identitäten nachhaltig beeinflusst werden und in dem Machtgefälle erkennbar werden. Aktivist_innen der Fat-Acceptance-Bewegung betiteln die Entwertung von dicken Körpern als „Fat-Shaming". Das im englischen Verwendete Wort „shame" lässt sich einerseits in das Gefühl der „Scham" und gleichzeitig in „Beschämung" übersetzen. Übersetzt man ‚shame' in ‚Beschämung' wird noch deutlicher, dass hier immer eine „Machtdifferenz" (Neckel 1991: 17) zwischen Beschämten und Beschämenden zum Ausdruck kommt. Diese Beschämung hat eine besondere Qualität, da sie dicken Menschen nicht nur Verhaltensweisen zuschreibt, sondern diese auch noch zu Wesensmerkmalen erklärt und entwertet:

„Die gesellschaftliche Minderbewertung wird hier gleichsam ‚organisch' mit dem Individuum verbunden, das daher fundamental, im ganzen […] als wertlos erscheint. [… D]as persönliche Defizit gilt dem Ich als ursprünglich zugehörig, der Makel tritt dem ‚eigentlichen' Ich nicht erst hinzu, sondern ist mit ihm von vornherein, untrennbar und ‚wesensmäßig' verbunden." (Ebd.: 245)

Der erlebte Makel wird als essenzielles Defizit wahrgenommen, welches nicht nur mit der Persönlichkeit verbunden, sondern dem Wesenskern der Person entsprechend identifiziert wird.

Die Zuschreibungen, mit denen dicke Menschen konfrontiert sind und die ihre Körper als minderwertig kategorisieren, möchte ich zu Bill Hughes Analyse der Entwertung und Beschämung von Menschen mit Behinderung in ein Verhältnis bringen. Zwar ist es, wie ich später zeigen werde, von einigen Fett-Aktivist_innen und in der Disability-Bewegung umstritten, ob die Ziele und Anliegen gemeinsam gedacht werden sollen. Jedoch ist ein ähnlicher psychosozialer Vorgang der Entwertung von den als abweichend konstruierten Körpern erkennbar, in der insbesondere die Gefühle von Scham (oft auf Seiten des_der Beschämten) und Ablehnung, Ekel oder Angst (oft auf Seiten des_der Beschämenden) eine zentrale Rolle spielen.

Hughes (2015) Analyse der „Zivilisierung und ontologische Invalidierung von Menschen mit Behinderung" versteht die Entwertung von behinderten Körpern als Konsequenz einer ableistischen[4] Gesellschaft, in der Andersartiges oder nicht Funktionierendes abgelehnt wird. „Das Einschließen von Menschen mit Behinderung in eine 'Zone der Ausnahme'" (Agamben 2004 nach Hughes 2015: 123) und „Strategien der Verbesserung, Korrektion und Rehabilitation von 'abnormen Körpern'" (ebd.) sind nach Hughes gesellschaftliche Praxen, die Verletzbarkeit verleugnen und sich an der Konstruktion eines reinen und unsterblichen Idealkörpers orientieren. Sie stellen eine Zone her, die nicht betreten werden darf und in deren Repräsentation Menschen symbolisch oder institutionell ausgeschlossen und zerstört werden (vgl. ebd.: 123 - 128). Zwar unterscheiden sich die Strategien der Vernichtung und der Korrektur in ihren Intentionen. Primäres Ziel der Medizin bleibt es jedoch, Menschen mit Behinderung zu heilen und damit anzupassen an das ‚Normale'. Hughes stellt die These auf: „Beide Strategien – Töten oder Heilen – vermitteln im Kern dieselbe kulturelle Botschaft: Behinderungen repräsentieren das, 'was nicht sein darf',

---

[4] Hughes (2015: 128) zitiert Campbell's (2008: 153) Definition von Ableismus als „ein Netzwerk von Überzeugungen, Prozessen und Praktiken, das eine besondere Art von Selbst und Körper (physischer Standard) erzeugt und als perfekt, arttypisch und daher wesentlich und komplett menschlich projiziert."

und sind deshalb ontologisch wertlos oder unzivilisiert – invalide."
(Ebd.: 123)

Das diesen Praxen zugrunde liegende Körperbild wird als der „hygenische [...], richtungsbestimmende Körper [...] der Moderne" (Garland-Thomson 1997 nach Hughes 2015: 128) über ein biologistisch begründetes Schema konstruiert: Die Phantasie des schlanken, perfekten und voll funktionsfähigen Körpers entspricht in dieser Sichtweise der ursprünglichen, von der Natur vorgesehenen Essenz des Menschseins. Der (unverletzbare) Idealkörper ist hier angesiedelt in den Sphären der Vorstellung und webt sich in die Körpererfahrung hinein. Abweichende Körper werden gegenüber dem ‚normalen' Körper der „Veredelung und der Selbstdisziplin" (ebd.) durch eine „Scham und 'Peinlichkeitsschwelle'" (Elias 2000: 98f., nach Hughes 2015: 125) hiervon abgespalten, „invalidiert und in abstoßende Objekte transformiert [...]." (Ebd.) Dies bezieht Hughes auf Elias' Konzept, die Moderne als sich stufenweise entwickelnden Zivilisationsprozess zu verstehen, in dem immer mehr Sitten und Regeln eine Trennung zwischen dem zivilisierten und reinen Verhalten und dem unerwünschten und abgestoßenen Verhalten etablierten. Der Ableismus, in dessen biologistischen Praxen von Ausschließung und Diskriminierung eine Trennlinie zwischen gesund und krank, zwischen fähig und unfähig konstruiert wird, ist so als Operation der Moderne zu verstehen, die „Idee der Bürgerlichkeit" (ebd.: 126) durch eine Distinktion von dem, was als unsittlich und unzivilisiert gilt herzustellen: „Die Unangepassten bzw. nicht Passenden fallen durch den Fitnesstest der Bürgerlichkeit." (Ebd.)

Die Ablehnung gegenüber Menschen mit Behinderung bezieht Hughes außerdem auf die Angst vor der eigenen Verletzbarkeit. Denn das Körperideal, auf das sich hier bezogen wird, duldet keinen Verfall, Alter, Veränderung oder Krankheit. So verleugnet die

Phantasie eines immer jungen, flexiblen und reinen Körpers den eigenen Tod und projiziert die damit zusammenhängenden Ängste auf das Abweichende (vgl. ebd.: 123-128). Segregiert und unterschieden wird mit diesen Einordnungen letztlich zwischen dem, was als menschlich und dem, was als nicht-menschlich und defekt konstruiert wird. Dabei spielen Gefühle wie Ekel, Angst und Ablehnung eine wichtige Rolle:

„Abscheu ist ein Affekt, der eine zentrale Rolle unserer alltäglichen Beziehungen mit unseren Körpern spielt, in den Mustern unserer sozialen Interaktionen und [...] in den Prozessen der sozialen Ausschließung. Ekel und Abscheu sind der emotionale Treibstoff des Ableismus." (Ebd.: 131)

Diese Analyse lässt sich auf die Diskriminierung, von der dickere Menschen betroffen sind, übertragen, setzt diese doch auch ein ähnliches Körperideal voraus und stellt damit eine weitere Form der Unterscheidung zwischen einem ‚guten' und einem ‚schlechten' Körper dar.

Dicke Körper werden primär als behandlungsbedürftig betrachtet und mit dem Hauptaugenmerk auf ihren ‚Makel' belächelt und entwertet. Sie werden als maßlose, unangemessene Körper konstruiert. Die Entwertung erwirkt so die Etablierung einer Machtposition der Entwertenden. In der Distinktion von dem, was als unzivilisiert gilt, begründet sich eine Vorstellung des zivilisierten Körpers, der den Werten von Askese, Reinheit und Bürgerlichkeit verschrieben ist. Die Schamgrenze, die die genau abgesteckten Körpermaße des ‚Normalen' markiert, etabliert eine Trennung und Machtgrenze zwischen dickeren und dünneren Menschen und verbannt alle, die sie übertreten, in eine Zone von dem „was nicht sein darf" (ebd. 129). Aus einer gesundheitspolitischen Perspektive wird von dicken Menschen die (Selbst-)Heilung durch Diäten oder operative

Eingriffe autoritär-bevormundend erwartet und durch medizinische Argumente untermauert.

Die Fat-Acceptance-Bewegung möchte die Erzählungen und Bedeutungsebenen verändern, welche Körperfett pathologisieren, belächeln oder entwerten. Sie entwickeln mit ihrer Bewegung einen Gegenentwurf zu den hegemonialen Körpernormen, stellen das, was als ‚normal‘ gilt in Frage und fordern eine Anerkennung ihrer Körper als gleichwertig. Dieser Gegenentwurf sagt unter anderem auch: Jeder Körper ist schön. Er verbindet sich mit anderen kritischen Stimmen, die ihre Körper als unterrepräsentiert und entwertet sehen. Insbesondere die Zusammenhänge von Dickleibigkeit mit anderen sozialen Kategorien wie ‚Race‘, (Dis-)Ability, Klasse und Gender sind für die Bewegung und ihre Anliegen hierbei in den letzten Jahren immer wichtiger geworden: Sie ermöglichen einen immer differenzierteren Blick und politische Allianzen (vgl. Cooper 2016: 3).

Im Folgenden soll die geschichtliche Entstehung der Stereotypisierung von dicken Körpern beleuchtet werden, um die historisch gewachsenen Bedeutungsebenen greifbarer zu machen und den politischen Ansatzpunkt der Fat-Acceptance-Bewegung nachzuvollziehen.

Einblick in die kulturgeschichtliche Entstehung der Angst
vor Körperfett

Die kulturhistorische Betrachtung der Entstehung fettphobischer Markierungen dicker Körper als zu vermeidendes Übel im diametralen Gegensatz zum enthaltsamen und selbstdisziplinierten Körper ist ein Anschlusspunkt der Fat-Acceptance-Bewegung für eine politische Kritik an den fortwirkenden Köperbildern der Moderne und politischen Realitäten für dicke Menschen. Diese Entstehungsweise als Hintergrund einer Positionierung im gesellschaftspolitischen Diskurs zu skizzieren erscheint mir wichtig, um die Anliegen der sozialen Bewegung und ihre machtpolitische Brille, durch die die Aktivist_innen Dicksein thematisieren, greifbarer zu machen. Die Annahme, dass ein tiefergehendes Verständnis von sozialen Verhältnissen und sozialpolitischen Kämpfen voraussetzt, sich wechselseitig beeinflussende, historisch entstandene (Macht-)Verhältnisse verschiedener Kategorien im Blick zu behalten, ist zudem ein Ausgangspunkt. Der intersektionale Zugang bietet die Grundlage, Machtwirkungen als zusammenhängende Gefüge zu verstehen. Er spielt deshalb zugleich in meiner Analyse der Konstruktion dicker Körper als *anders* und *minderwertig* eine Rolle, während er in seiner Rezeption der Fat-Acceptance-Bewegung als theoretischer Unterbau untersucht wird.

Ein kulturhistorischer Blick auf die gesellschaftliche Konstruktion von Körpern ist wesentlich für die Entstehung einer Kritik der Hegemonien in den Deutungen von Dicksein. Kreisky spricht von den hegemonialen Körperbildern als „historisch gewachsene[n], geschlechtlich, sozial und kulturell differenzierte[n] Zeichen, die es zu lesen gilt" (Kreisky 2008: 148) und welche die gesellschaftlichen und ökonomischen Machtverhältnisse widerspiegeln (vgl. ebd.). „Zumal sich verschiedene Politiken in die Körper einschreiben, reflektieren diese Geschichte(n)." (Ebd.)

Die Entstehung der gesellschaftlichen Abwertung von Körperfett gibt Aufschlüsse über aktuelle Verhältnisse und Möglichkeiten der Gegendeutung.

Stearns (1997: 4) identifiziert in dem Buch „Fat History" die Entstehung der Angst vor Körperfett als Phänomen, das sich im Laufe der Geschichte verschärft habe und wichtige gesellschaftliche Veränderungen der Moderne markiere. Zwischen 1890 und 1910 entwickelte sich, beginnend in Frankreich und den USA, die Normierung der Körperform hin zu einem immer schlanker werdenden Schönheitsideal. Diese Zeitspanne beschreibt er als „Turning Point" (ebd.: 3). Übergewicht wurde in dieser Zeit medizinisiert und als öffentliches Problem markiert, während es gleichzeitig immer stärker mit einem Mangel an Selbstkontrolle, Maßlosigkeit und falscher Lebensweise in Verbindung gebracht wurde. Stearns (ebd.: 5 f.) betont auch, dass schon vor dieser Entwicklung Dünnsein im puritanischen Sinne mit Fleiß und Enthaltsamkeit in Verbindung gebracht und als heilig idealisiert wurde. Dennoch wurde Körperfett als Zeichen von körperlicher Gesundheit und ausreichender Ernährung in den Zeiten vor der Industrialisierung als Privileg einzelner Reicher gedeutet und mit Wohlstand verbunden (vgl. Farrell 2011: 27; Stearns 1997: 5).[5]

---

5 Zudem wurde zur Jahrhundertwende aus medizinischer Sicht noch eine „Balance" zwischen zu dünn und zu dick angestrebt. Dicksein im Alter galt als natürlich. In der Mode wurde zwar eine dünne Taille, jedoch keine komplette „Elimination" des Körperfetts angestrebt (vgl. Farrell 2011: 34 ff.). Dünnsein wurde hier teilweise sogar als Ursache für Krankheiten gesehen. Erst im Laufe der Zeit wurde Körperfett im medizinischen Diskurs zur Ursache für viele Erkrankungen erklärt (vgl. Farrell 2011: 36).

Wie aber lässt sich der Wandel hin zu einer ausschließlich negativen Wahrnehmung von Dicksein erklären? Im Folgenden untersuche ich diese Frage anhand der historischen Abhandlung über die gesellschaftliche Bedeutung von Körperfett von Peter N. Stearns (1997) und der ausführlichen kulturgeschichtlichen Medienanalyse von Amy Erdman Farrell (2011).

Industrialisierung und Veränderung der Sexualität als Einflussfaktoren

Im 19. Jahrhundert wurden die Produktionsprozesse und somit auch die Arbeitsbedingungen weitflächig umstrukturiert. Damit einher gingen weitreichende soziale und ökonomische Veränderungen der Gesellschaft. Massenproduktionen wirkten der Nahrungsmittelknappheit entgegen, und der Zuwachs von Waren sowie mittelständischen Berufsfeldern ließen in Teilen der Bevölkerung einen Wohlstand entstehen, der die Körper insbesondere in städtischen Gebieten kräftiger und korpulenter werden ließ. Interessanterweise war dies eben jener Zeitpunkt, an dem sich die Bewertung von Körperfett mehr und mehr in die Richtung einer gesellschaftlichen Problemwahrnehmung entwickelte und sich zunehmend eine Diätkultur etablierte (vgl. Farrell 2011: 40).

Farrell (ebd.: 40 ff.) und Stearns (1997: 44-47) sehen die strenge Selbstkontrolle der Diät, die sich in protestantischer Denkweise als Gott zugewandte, reine Form der Enthaltsamkeit deklarierte, als Gegenpol zum Exzess des urbanen Lebens. In diesem Zuge wurde zunehmend für Diätprodukte geworben, die das Ideal der Enthaltsamkeit hochhielten. Diese Diätprodukte wurden unter anderem von Ärzten beworben und Gewicht als sichtbares Zeichen zur Orientierung in Fragen der Gesundheit und als ästhetisches Bewertungskriterium markiert (vgl. Stearns 1997: 7). Dicke Körper wurden so zu mangelhaften Körpern, während sich dünne Körper dieser Wahrnehmung nach durch die Demonstration der Versagungen den protestantischen Werten von Reinheit und Disziplin verschrieben (vgl. Farrell 2011: 60). Der Verzicht und die Selbstopferung, so Stearns (1997: 59), sei unter anderem ein Kompensationsversuch der Mittelschicht für die Abstiegsängste und die Angst vor einem Moral- und Identitätsverlust. Einem steigenden Konsum und mehr Warenangebot sei der Verzicht entgegengehalten worden.

Nicht nur die Körper veränderten sich, auch der Umgang mit der Sexualität unterlag einem Wandel. Stearns beschreibt den Widerspruch zwischen dem viktorianischen Ideal der sexuellen Enthaltsamkeit und dem wachsendem Interesse an Sexualität als weniger offensichtliche und dennoch wirkmächtige Komponente des Verlangens nach Sühne durch Verzicht, durch den eine potentielle Schuld beglichen werden sollte. In diesem Widerspruch – eine vermehrte Beschäftigung mit Sexualität und neue Freiheiten im Gegensatz zu einer Angst vor schuldhaften, sexuellen Begehren – entwickelte sich demnach der starke Wunsch, am eigenen Körper den Verzicht zu demonstrieren (Stearns 1997: 62).

Doch aus den hier beschriebenen Ursachen lässt sich nicht erkennen, warum ausgerechnet der Körper zum symbolischen Schauplatz wurde, um mit den Schuldgefühlen der Moderne umzugehen. Diesbezüglich erwähnenswert ist, dass im 19. Jahrhundert der Körper zunehmend ‚verwissenschaftlicht‘ und in diesem Diskurs materialistisch konstruiert wurde. Dies veränderte die Körperwahrnehmung sowie die gesellschaftliche Bedeutung des Körpers. Foucault beschreibt den Wissenschaftsbegriff des 19. Jahrhunderts als verschleiernde Praxis der Regulierung (von Sexualität), die durch „Hygieneimperative" (1976: 58) vorgab, „die physische Kraft und moralische Sauberkeit des gesellschaftlichen Körpers zu erhalten [...]". (ebd.) In diesem Sinne lässt sich das wachsende Interesse der Wissenschaft an einer Körperoptimierung durch Diäten auch als Versuch, gesellschaftliche Veränderungen der Sexualitäten und Körper durch jene „Hygieneimperative" zu regulieren, verstehen.

Zivilisation und Körper:
Rassistische Elemente von Fat-Shaming

Die Angst vor den Entwicklungen der Moderne und dem damit einhergehenden Exzess ist nur eine partielle Erklärung für das Stigma, das mit Fett in Verbindung gebracht wurde.

Wie die Historikerin Amy Farrell (2011: 34ff.) unterstreicht, wurde die Problematisierung von Dicksein aus einer weißen mittelständischen Perspektive in Verbindung mit den Zuschreibungen von Charaktereigenschaften gebracht und erst im Nachhinein aus medizinischer Sicht thematisiert. Die mit Dicksein verknüpften negativen Attribute seien einer gesundheitlichen Besorgnis Körperfett betreffend vorausgegangen und hätten sich erst später mit dieser verbunden. Farrell deutet im Unterschied zu Stearns die Entstehung dieses Stigmas insbesondere als Konstruktion eines „unzivilisierten Körpers" (vgl. ebd. 59- 81.) der bürgerlichen Mittelklasse und schreibt,

„that the anxiety about body size was not just a concern *among* white people but was precisely *about* the construction of whiteness" (ebd.: 39).

Der zivilisierte Körper kann nur im Verhältnis zu einem als unzivilisiert konstruierten Körper existieren. Er entstand, so Farrell, im Hinblick auf Körperfett auch mit den Ungleichheitsvorstellungen zwischen Schwarzen Menschen auf der einen Seite und weißen Menschen auf der anderen Seite.

Mit Beginn des Kolonialismus wurde die Versklavung der auf afrikanischen Boden lebenden Menschen mit der Behauptung legitimiert, diese seien ‚primitiv' und ‚unterentwickelt'. Philosophische, theologische, ethnologische und biologische Denker entwarfen und zementierten über die Jahrhunderte hinweg eine Hierarchie menschlicher ‚Rassen'. Die Prinzipien von Gleichheit und Brüderlichkeit der Aufklärung konnten so durch die Idee einer Anordnung menschlicher ‚Rassen' zwischen dem, was als menschlich gilt und dem, was der tierischen Welt zugehörig ist, weiter bestehen. Während ganze Bevölkerungen versklavt, verschifft, ermordet und missbraucht wurden, konnten die Ideen der Aufklärung scheinbar ohne Widerspruch hierzu bestehen. Im Zuge der Rassentheorie des 19. Jahrhunderts wurden diese Ideen mit biologischen Erklärungen ausgeweitet. Die Bewertungen von ‚niederen' und ‚primitiven' Eigenschaften wurden hier mit physiognomischen, angeblich ‚rassetypischen' Merkmalen in Verbindung gebracht. Hier sei die rassistische Terminologie, die in der Auseinandersetzung mit dicken Körpern verwendet wurde, als erster Hinweis darauf, wie Körperfett diskursiv mit ‚Race' verknüpft wurde, zu benennen (vgl. ebd.: 61 f.). Der Versuch, Menschen hierarchisch auf „Stufen der Evolution" (ebd.: 60; Übers. d. Verf.) anzuordnen, war nicht nur ein Rassenarrativ, sondern bezog sich auch auf Geschlecht und Körperformen. Dicke Körper wurden so durch die Konstruktion eines ‚rassetypischen' unzivilisierten, primitiven Körpers mit den Attributen von Triebhaftigkeit, Maßlosigkeit, Sünde und mangelnder Kontrolle markiert, die gebändigt werden müssten (vgl. ebd.: 68

ff.), während dünne Körper als zivilisiert galten und reine, kontrollierte, rational gesteuerte, gesittete Attribute repräsentierten. Die in dieser Konstruktion enthaltenden Ungleichheitsvorstellungen verbannten nicht nur dicke Körper in ‚Zonen von dem, was nicht sein darf', sondern entfalteten ein eigenständig wirkendes Stigma in dem Moment, wo Dicksein mit ‚Rasse' (und Geschlecht) zusammenfällt. So wurde zum Beispiel die Physiognomie von Schwarzen Frauen von Biologen Mitte des 19. Jahrhunderts als Hinweis auf eine Korrelation mit Kriminalität untersucht. Hierbei lag der Fokus unter anderem auch auf dem Körperfettanteil, was folgerichtig zu einer Verknüpfung von Körperfett mit Kriminalität führte (vgl. ebd.: 67 f.).

Als wichtiges Beispiel nennt Farrell (2011: 64) die Anfang des 19. Jahrhunderts bekannt gewordene Khoi, der der Name Sara Baartman gegeben wurde. Sie wurde aus dem Süden Afrikas nach England verschleppt, als so genannte ‚Hottentotten-Venus' ausgestellt und nach ihrem Tod zum Forschungsobjekt stilisiert. Hierfür wurde sie obduziert, um die niedere Herkunft ihrer ‚Rasse' auf der Skala der Zivilisation zu beweisen. Ihr Körper wurde im Namen der Wissenschaft im Musée de l'Homme in Paris bis in die 1970er Jahre ausgestellt. Abbildungen ihres Körpers, der vor allem auf das große Gesäß hin als anders konstruiert wurde, wurden noch bis Anfang des 20. Jahrhunderts in satirischen Zeichnungen und auf Postkarten veröffentlicht und setzten damit den Mythos der ‚Hottentotten-Venus' fort. Auch Stuart Hall bezieht sich in seiner Auseinandersetzung mit Rassismus auf die ‚Hottentotten-Venus' und die Konstruktion ihres Körpers als *anders*, als Symbol für eine „Differenz zwischen den ‚Rassen'" (Hall 2013: 153) und für Minderwertigkeit auf den Stufen der Evolution. Beim Untersuchen ihrer Sexualorgane wurde ihr Körperfett als besonderes Merkmal ihrer sexuellen Attribute gesehen (vgl. Farrell 2011: 64 ff.). Diese

Vorgehensweise, in der Sara Baartman im wahrsten Sinne des Wortes in ihre einzelnen Teile zerlegt und zum Objekt gemacht wurde, beschreibt Hall (2013: 154) als Ausdruck einer „Fetischisierung" (ebd.). Bei der Fetischisierung werde einem geheimen, aber machtvoll wirkenden Begehren nachgegangen, indem dieses auf ein Objekt projiziert und zugleich verleugnet werde. Diese als Forscherdrang verkleidete Fetischisierung sei insbesondere in dem Verhältnis zu dem, „was nicht gesehen, nicht gezeigt werden kann" (ebd.: 155), zu verstehen und in den medialen Darstellungen Schwarzer Menschen noch heute wirksam.

Dieses Beispiel weist darauf hin, dass Körperfett als biologisierte Markierung einer Andersartigkeit von ‚Rassen' schon zu Beginn des 19. Jahrhunderts konstruiert wurde und dass diese Narrative Elemente von Sexualisierung und Fetischisierung enthalten, welche sich auch auf das Geschlecht beziehen.

Geschlecht und Körpernormierung

Die Verwissenschaftlichung des Körpers führte schon in der ersten Hälfte des 18. Jahrhunderts zu einer Veränderung der Wahrnehmung von Geschlecht. Die Differenzen zwischen den (binär festgelegten) Geschlechtern waren dieser Deutung nach nicht mehr dem Willen Gottes untergeordnet, sondern wurden naturwissenschaftlich erklärt. Nachdem zuvor die Schöpfung Gottes verantwortlich gemacht wurde für die als ‚natürlich' geltenden Wesensmerkmale von Männern und Frauen wurden sie nun mehr und mehr biologisch erklärt.

Die Geschlechterverhältnisse spielten bei der Entstehung von Fat-Shaming und seinen unterschiedlichen Ausprägungen eine Rolle. Die ästhetischen Standards wurden im 19. Jahrhundert insbesondere für Frauen strikter. In Mode, Film und Printmedien wurde die Betonung von Schlankheit als weibliches Schönheitsideal stärker, während Männer diesem Druck nicht mit vergleichbarer Intensität ausgesetzt waren (vgl. Stearns 1997: 72). Körperdisziplinierung durch Diät wurde dennoch zur Richtlinie für Männer ähnlich wie für Frauen. Männer galten als verweichlicht, schwach und ‚weibisch‘, als zu sehr den Vergnügungen der Zivilisation hingegeben, wenn sie nicht dem muskulösen Körperideal entsprachen (vgl. Farrell 2011: 46). Weiblicher Exzess wurde hingegen mit fehlender Rationalität und Selbstkontrolle verbunden und als dem weiblichen Geschlecht eigenem Problem stilisiert. So wurden Ausschweifungen auf die genetisch bedingte, natürliche Ausstattung von Frauen als willensschwache Wesen zurückgeführt. Zugleich sprachen die Schuldgefühle über die gesellschaftliche Veränderung der Sexualität insbesondere Frauen an, sodass die weiblichen Schuldgefühle im Kampf gegen Körperfett eine große Rolle spielten (vgl. Stearns 1997: 63-77). Die Vorstellung, dass Frauen weniger rational, schwächer in ihrem Willen und damit empfänglicher für die Verlockungen der neuen Konsumgesellschaft seien, stellte sie unter besonders strenge Beobachtung, sodass von ihnen, um dem Bild einer gesitteten Frau zu entsprechen, Enthaltsamkeit und Kontrolle ihres Essverhaltens in hohem Maße erwartet wurde, „um die ‚Zivilisation zu erhalten‘ durch ihr Verhalten, ihre Kleidung und ihren Umgang" (Farrell 2011: 49, Übersetzung d. Verf.).

Farrell beschreibt als weitere Komponente der weiblichen Schuld die um die Jahrhundertwende aufkommende Emanzipation der Frau. Diese Frauen, die die gesellschaftliche Ordnung auf den

Kopf zu stellen drohten, und die es wagten, mehr Raum einzunehmen als für sie vorgesehen, wurden mit steigender Selbstständigkeit häufig als dicke und damit maßlose Frauen illustriert. Dicke Frauen wurden so vermehrt als Symbol für Frauen verwendet, die sich an Aktivitäten beteiligten, die bis dahin nur für Männer zugänglich waren – „ob in Politik, Konsumkultur oder Familienleben" (Farrell 2011: 52, Übersetzung. d. Verf.) –, und somit als unzivilisiert und unschicklich degradiert. In den 1920ern erkämpften sich die Suffragetten in Großbritannien ihr Wahlrecht; sie fanden hier und in anderen Teilen Europas und den USA für neue Ausdrucksformen Raum. Auch in anderen Ländern gewannen Frauen seit Jahrzehnten an Machteinfluss. So wurden sie als Bedrohung für die bestehenden Machtverhältnisse wahrgenommen. In diesem Zuge wurden freiheitsliebende Frauen, reisende Frauen und Frauenrechtlerinnen oft mit Betonung ihres Körpergewichts dargestellt (vgl. ebd.).

Farrell (2011: 93) arbeitet heraus, dass die Kritik an den Suffragetten diskursiv mit ihrem Körperfett verbunden und im Stile der rassistischen Bebilderungen der ‚Hottentotten-Venus' illustriert wurde. Gleichermaßen stilisierten die Suffragetten auf Plakaten ihre Gegner_innen als dick und damit rückständig.[6]

„Since the turn of the last century, fatness has served as a sign that one is inherently incapable of withstanding the pressures and

---

[6] Erwähnenswert ist an dieser Stelle, dass die Frauenkämpfe der Suffragette-Bewegung in ihrem Selbstverständnis nicht immer im Widerspruch zu rassistischen Haltungen standen und Ausschlüsse oder Redeverbote von Schwarzen Frauen aus der Bewegung geläufig waren. In ihrem Buch „Rassismus und Sexismus. Schwarze Frauen und Klassenkampf in den USA" untersucht Angela Davis (1982) die ersten feministischen Bewegungen und ihre Verbindungen mit der Schwarzen (Bürgerrechts-)Bewegung aber auch die Rolle weißer Frauen in den rassistischen Ausschlüssen und Entwertungen ihrer Schwarzen Mitkämpfer_innen.

pleasures of modern life, including the responsibilities and privileges of citizenship. [...] – all by portraying those who sought more power and privileges as *fat*." (Ebd.: 175)

Dies sieht Farrell (2011: 175) als Beginn für das in feministischen und teilweise auch antirassistischen Kämpfen entstandene Verhalten, die Gegner_innen der Bewegung als dick und damit rückständig darzustellen, um sich selbst als *zivilisiert* repräsentieren zu können. Diese Haltung wirke noch bis in die feministischen Kontroversen der heutigen Zeit fort.

Welche Kontroversen dies sind und inwieweit die kulturgeschichtlich entstandenen Stereotype und Diskurse noch heute wirksam sind, soll im nächsten Kapitel beleuchtet werden. Zudem möchte ich anschauen, wie die Positionen der Fat-Acceptance-Bewegung sich hierzu verhalten.

Theoretische Bezüge und Praxen der Fat-Acceptance-Bewegung

In einer näheren Auseinandersetzung mit der ideologischen Verortung der Fat-Acceptance-Bewegung lässt sich schnell erkennen, dass sich dieses Feld aufspannt zwischen unterschiedlichen ideologischen Praxen und argumentativen Zugängen, diversen Akteur_innen und diskursiv-historisch gewachsenen Entwicklungen, Widersprüchen und Gemeinsamkeiten. Die Untersuchung der Bewegung und deren unterschiedlichen Ausprägungen in den verschiedenen Ländern bringt Charlotte Cooper, eine Vertreterin des Fat Activism und Publizistin der *Gender Studies*, zu dem Schluss: „Just as there is no single fat activism, there is no single origin story. There are countless genealogies of fat activism, not all of which are feminist." (Cooper 2016: 102)

Der Versuch, die unterschiedlichen Positionen der fettpolitischen Bewegungen einzuordnen, ist deshalb schwierig, weil sich, wie ich im Folgenden aufzeigen werde, die Strömungen, so etwa die der Anti-Diät-Bewegung, der Fat-Acceptance-Bewegung und des Feminismus, personell überschneiden und gleichzeitig manche Praxen und Positionen dieser Strömungen im Widerspruch zueinander stehen. Zudem unterscheiden sich die theoretischen Hintergründe, auf die sich die Mehrheit der Fettaktivist_innen beziehen, wie die feministische, die intersektionale und die Queer-Theorie in ihren epistemologischen Machtanalysen, bilden jedoch in neueren Deutungen eines queer-intersektionalen und feministischen Selbstverständnisses Synergien. Als Gründe hierfür können unter anderem die vielfältigen Entstehungsweisen der Gruppen und die Genealogien der unterschiedlichen Bewegungen mit ihren theoretischen Bezügen sowie die Entwicklungen der theoretischen Diskurse selbst genannt werden. Auch die einzelnen Gruppen der Fat-Acceptance-Bewegung differieren in ihren theoretischen Bezügen und Grundannahmen. Die Differenzen zwischen den unterschiedlichen Strömungen politischer Auseinandersetzung mit Dickleibigkeit sind teilweise so gegensätzlich, dass sich das gemeinsame Herantreten an die Öffentlichkeit schwierig gestaltet.

Um besser verstehen zu können, welche Positionen hier eine Rolle spielen und warum sie teilweise nicht miteinander vereinbar sind werde ich im Folgenden die Akteur_innen der Bewegung zu ihren theoretischen Bezügen und Diskursen in Beziehung setzen. Hierfür möchte ich zunächst die Entwicklungen der unterschiedlichen Artikulationen aufgreifen und einen Überblick über die Diskussionen und Widersprüche dieser Politiken aufstellen.

Die Ursprünge des Fat Activism

Die ersten Aktivitäten von Menschen, die Körperfett politisierten und sich gegen Gewichtsdiskriminierung einsetzten, sind auf Anfang der 1970er Jahre in den USA zu datieren (vgl. Farrell 2011: 145). Erstmals dokumentiert sind die 1967 im Sheep Meadow in New Yorks Central Park veranstalteten Versammlungen von etwa 500 Aktivist_innen unter dem Namen ‚Fat-In'. Diese von dem Radiomoderator Steve Post initiierte Versammlung fand unter der

Selbstbeschreibung ‚Fat Power' statt und protestierte gegen Gewichtsdiskriminierung mit Schildern in einem mehrere Tage andauernden Camp. Die Demonstrierenden verbrannten Diätbücher und Fotos von dem Model Twiggy, das symbolhaft für ein schlankes Körperideal stand. Große Aufmerksamkeit bekam die Versammlung insbesondere in den Nachrichten „in New York, Kalifornien, Wisconsin und Montana" (Cooper 2016: 109, Übersetzung d. Verf.). Nach und nach gründeten sich die ersten Organisationen in Minneapolis, New Haven, Boston, San Francisco und Washington DC (vgl. Farrell 2011: 145).

Eine der bekanntesten Organisationen, auf die sich einige aktuelle Forscher_innen und Aktivist_innen beziehen, ist die *NAAFA*. Zuerst nannte sich die Organisation „National Association to Aid Fat Americans", später „National Association to Advance Fat Acceptance".

1967 veröffentlichte der Journalist Lew Louderback aus New York in der *Saturday Evening Post* den Artikel „More people should be FAT", in dem er erstmals kritisierte, dass Menschen mit großem Körperfettanteil stigmatisiert würden, und einen Zusammenhang zwischen ökonomischem Status und Fett benannte (vgl. Kight 2014 nach Louderback 1967). Zwei Jahre später gründeten er, seine Frau und sieben weitere Menschen die *NAAFA*.

Das erste Buch zum Thema Fat Acceptance namens „Fat Power" von Ann Louderback, das sich auf das Fat-In bezieht und als erstes Programm gegen eine dickenfeindliche Kultur gilt, argumentierte bereits 1969, die Angst vor Körperfett sei eingeschrieben „in media, medicine, fashion and weight loss industry" (Cooper 2016: 112). Das Werk geriet jedoch in Vergessenheit, da der Verlag das Buch nicht weiter vervielfältigte. Cooper beschreibt das Buch als einen wichtigen Vorreiter in den Argumenten der Bewegung, hält jedoch sein politisches Programm für dem Geist der Zeit entsprechend „prä-feministisch und heteronormativ" sowie für „naiv, insbesondere ‚Race' und Klasse betreffend" (ebd., Übersetzung d. Verf.).

Die *NAAFA* wurde eine wichtige Institution für viele Betroffene, die sich sonst isoliert gefühlt hätten (vgl. ebd.), und bot neben dem sozialen Austausch, Plus-Size-Modeshows, Workshops, inhaltlichen Auseinandersetzungen, Freundschaften und romantischen Beziehungen die Möglichkeit der selbstbewussten Positionierung und Artikulation (vgl. Farrell 2011: 149). Innerhalb der Gruppe gab es allerdings antifeministische Tendenzen, die Cooper (2016: 115 f) als einen Ausdruck heteronormativer, den männlichen Blick ins Zentrum stellender Kultur der Gruppierung beschreibt, die den offensichtlichen Sexismus der sogenannten Fat Admirers[7] und ihre dominante Rolle in der Gruppe nicht reflektiert habe.

Nach einigen Diskussionen darüber, ob die Gruppe ein feministisches Programm und radikalere Aktionen umsetzen sollte oder nicht, spaltete sich die Gruppe und *Fat Underground* entstand (vgl. Cooper 2016: 116 f.; Schorb 2015: 211 f.). Diese Gruppe positionierte sich aus einer radikal-feministischen Perspektive mit Bezügen zu lesbisch/homosexuellen Gruppen, deren Akteur_innen überwiegend Frauen waren (vgl. Farrell 2011: 149). Gleichzeitig positionierte sie sich aus einer klassentheoretischen Perspektive. Sie wurde 1973 von Frauen aus der Gruppe „Radical Feminist Therapy Collective" gegründet, welche die Entpolitisierung menschlicher Erfahrungswelten in psychopathologischen Denkwei-

---

7 Als Fat Admirer gelten jene, die dicke Körper fetischisieren und von ihren Partner_innen verlangen, immer weiter zuzunehmen.

sen und die Medizinisierung von körperpolitischen Fragestellungen kritisierte. *Fat Underground* strebte gesellschaftliche Veränderungen auf der Grundlage einer marxistischen Analyse der Machtverhältnisse an (vgl. Cooper 2016: 119) und verhielt sich weitaus radikaler als die *NAAFA* (vgl. Schorb 2015: 212).

Als Positionierung veröffentlichte *Fat Underground* 1973 das häufig zititerte „Fat Liberation Manifesto". In diesem beschreiben die Autor_innen die gesundheitspolitischen Praxen, dicke Menschen zum ‚gesünderen' Leben zu bewegen, als „mystifizierte Unterdrückung" (Farrell 2011: 42 nach Schorb 2015: 212). Die Disziplinierungsmaßnahmen zur Normalisierung des Körpergewichts würden hier als individuelle Entscheidung getarnt. Dies weist, so Schorb (2015: 212), Parallelen zu Foucaults Begriff der Pastoralmacht auf. In Foucaults Machtanalyse von Selbst- und Fremdtechnologien des Körpers beruht die „Führung [...] nicht auf Zwang, sondern auf Einsicht". Der Kampf gegen Körperfett wird in dem Manifest hier ähnlich als (individualisierter) Ausdruck von Selbststeuerungsformen und sozialer Distinktion thematisiert. Auch nachdem *Fat Underground* in den 1980ern von der politischen Bildfläche verschwand, wurden die Ideen und Texte der Gruppe als wichtiger Bezug der Fat-Acceptance-Bewegung weiter verwendet (vgl. Farrell 2011: 146).

1994 wurde von einigen jungen Fettaktivist_innen das Zine *FaT GiRL* publiziert (vgl. Cooper 2016: 146) Ein Zine ist eine aus der DIY-Kultur entstandene Sammlung von Texten, Comics oder Gedichten, welche ohne Verlag gedruckt und kopiert wird, um weiter verbreitet zu werden. Eine Besonderheit dieser Form der Verbreitung ist, dass sie eine subkulturelle Medienkommunikation ermöglicht, welche weitestgehend unabhängig von finanziellen Mitteln bleibt.[8] In *FaT GiRL* wurde insbesondere eine Vernetzung mit der queer-feministischen Szene und der Trans-Community sichtbar (vgl. ebd.), welche im weiteren Verlauf dieses Buches als wichtiger ideologischer Bezug der Bewegung dargestellt werden soll.

Abgrenzung vom Gesundheitsdiskurs

Aktivist_innen wie Magda Albrecht (2014: o. S.) machen sich stark für die politische Umdeutung von Körperfett und hinterfragen das Messinstrument des BMI und seine normative, regulative Funktion zur Selbststeuerung als scheinbar objektiven und unpolitischen Maßstab. Der BMI als Berechnungsweise, welche anhand von Körpergröße und Körpergewicht den Körperfettanteil anzeigen soll, gibt einen Normbereich vor, was als gesunder Körperfettanteil gilt und, davon abweichend, was als pathologisch definiert wird. Er wird als medizinische und scheinbar objektive Richtlinie gehandhabt. 1998 wurden jedoch zum Beispiel in den USA die Normwerte der National Institutes of Health heruntergesetzt, sodass die Risikogruppe für eine pathologische Fettleibigkeit im Land über Nacht vergrößert wurde (vgl. ebd./ Barlösius 2014: 23). Albrecht kritisiert insbesondere das Ausblenden verschiedener sozialer Einflussfaktoren auf das Gewicht wie etwa „Zugang zu Nahrungsmitteln,

---

[8] Diese Medienform wurde von verschiedenen Kommunikationsforscherinnen auf ihre emanzipatorischen Potentiale hin untersucht, zum Beispiel in dem Sammelband von Elke Zobl und Ricarda Drüeke (Hg.; 2012) „Feminist Media: Participatory Spaces, Networks and Cultural Citizenship".

Gesundheitsversorgung oder Sportmöglichkeiten" (ebd.) aber auch die Folgen von Armut und prekären Arbeitsverhältnissen.

Die zwischen 1960 und 1970 entstandene Anti-Diät-Bewegung, deren Vordenker_innen über eine sozialpsychologische Analyse der Entstehung von Essstörungen zu dem Schluss kamen, dass ein übertriebenes Schlankheitsideal und der Versuch, den eigenen Körper an dieses anzupassen, schädlicher seien als das Übergewicht an sich, kritisierten insbesondere die Adipositasforschung und die Diätindustrie für ihre medizinisch fragwürdigen Schlussfolgerungen (vgl. Schorb 2015: 200 ff.). Im Zentrum dieser Position steht die These „dass Diäten meist scheitern" und „dass die Folgen von Diäten für die psychische Gesundheit verheerend sein können" (ebd.: 201). Die Orientierung an einem schlanken Körperideal produziere zudem Essstörungen und sei indirekt mitverantwortlich für die steigende Zahl von Adipositas-Betroffenen. Diäten seien auch für Menschen mit erhöhtem Körpergewicht oft gesundheitsschädigend (vgl. ebd.: 203f.). Als wichtige Vertreterinnen dieser Position sind unter anderem die Psychoanalytikerin Hilde Bruch (1995) und die Theoretikerin Susie Orbach (1978) zu nennen (vgl. Schorb 2015: 201). Aber auch insbesondere „Expertinnen und Experten, deren Positionen vom Mainstream der Adipositasforschung diametral abweichen" (ebd.: 203), positionieren sich hier oft auf psychologischen und medizinischen Foren gegen eine Diätkultur. Sie unterstreichen zudem, dass Dicksein nicht zwangsläufig gesundheitsschädigend sein muss. Schorb (2015: 206), der die verschiedenen Narrationen zur „Adipositas-Epidemie" und deren politische Hintergründe untersucht, argumentiert, diese Bewegung halte sich trotz der Versuche, Körperfett nicht als Ursache des Problems zu betrachten, an das „Adipositas-Epidemie"-Narrativ, welches die Problemlagen in Bezug auf Körperfett insbesondere auf die gesundheitlichen Folgen von Verhaltensweisen beziehe und ein hohes Gewicht pathologisiere. Sich innerhalb des Gesundheitsdiskurses zu bewegen, verspreche zwar mehr Aufmerksamkeit für die eigenen Positionen, verursache allerdings auch eine Falle:

„[Dies hält] die Betroffenen in einer defensiven Position: Sie können ihren Anspruch auf Schutz vor Diskriminierung und Anerkennung als Teil der gesellschaftlichen Vielfalt nur einfordern, wenn sie im Vorfeld den Beweis dafür liefern, dass sie dem Gesundheitssystem nicht zur Last fallen werden." (Ebd.: 208 f.)

Diese Argumentationsweise schließt insbesondere die Gruppe sehr dicker oder erkrankter dicker Menschen aus.

Einige Vertreter_innen der Fat-Acceptance-Bewegung möchten sich deswegen von den Argumentationen der Anti-Diät-Position weitestgehend abkoppeln, auch wenn es inhaltliche Überschneidungen gibt und manche in beiden Bewegungen aktiv sind. In der Fat-Acceptance-Bewegung wird Fett häufig unabhängig von den gesundheitlichen Bedeutungen, Zusammenhängen und möglichen Folgen als soziale Kategorie gedeutet, und es geht „vor allem um die Würde der dicken Person und ihren Anspruch auf Schutz vor Diskriminierung: unabhängig von der Frage nach möglichen Ursachen für und Folgen von einem erhöhten Körpergewicht" (ebd.: 208). Allerdings sind die Positionen in der Praxis nicht so klar zu trennen. Für viele Fett-Aktivist_innen gilt auch das Anti-Diät-Argument, dass ein hohes Körpergewicht weniger schädlich als Diäten sei und gesundheitliche Folgen eines hohen Körpergewichts nicht nachgewiesen seien.

Die Abgrenzung vom Gesundheitsdiskurs stellt in dieser Hinsicht also nicht die möglichen gesundheitlichen Folgen der Dickleibigkeit grundsätzlich infrage, sondern wehrt sich gegen den scheinbar unpolitischen, medizinischen Blick, um die stigmatisierenden Tendenzen dieses Diskurses aufzudecken. Sie steht zudem der vom medizinischen Diskurs vermittelten Betonung der Heftigkeit gesundheitlicher Beeinträchtigungen kritisch gegenüber und legt den Fokus auf die Gewichtsdiskriminierung und deren Folgen für Betroffene (vgl. Schorb 2015b: 2). Diese Abkopplung vom Gesundheitsdiskurs wird von vielen Aktivist_innen als notwendiger Schritt für eine politische Veränderung gesehen. Cooper (2016:12-24) beschreibt die Wirkmächtigkeit des Gesundheitsdiskurses als Dominanz, welche andere, aktivistische Perspektiven verdränge. Sie kritisiert, dass Argumente der Bewegung häufig als Teil des Gesundheitsdiskurses gedeutet würden, da sie ihm in einigen Punkten widersprächen, und nennt diese Umdeutungen der Anliegen der Fat-Acceptance-Bewegung auch „proxies" (= Vertretungsvollmacht, Übers. d. Verf.). Cooper wehrt sich gegen diese Anspruchshaltung mit der Begründung, die Bewegung positioniere sich außerhalb des Gesundheitsdiskurses auf einer politischen Ebene. Fat Activism brauche keine Legitimation durch den Gesundheitsdiskurs. Da Körperfett aus einer medizinischen Perspektive heraus als gesundheitsgefährdend, aber unpolitisch problematisiert werde, sei diese Perspektive nicht mit der Haltung der Fat-Acceptance-Bewegung vereinbar (vgl. ebd.: 3). So fassen die Aktivist_innen des ersten feministischen Fat-Liberation-Treffens in New Haven zusammen:

„Problems of fat people are not seen as political problems, but as medical problems; and not as needing a political solution but as needing a medical solution." (Cooper 2016: 24, aus Stein/Hoffstein 1980)

Sichtbar wird hier, dass die politische Dimension von Dickleibigkeit im hegemonialen Diskurs scheinbar ausgeblendet und auf das Individuum verlagert wird. Gleichzeitig werden in der Gesundheitspolitik medizinische Argumente verwendet, um hiermit politische Lösungen und staatliche Interventionen zu legitimieren. Die medizinische Perspektive ist in ein politisches Programm der Adipositas-Prävention und Gesundheitspolitik eingebunden, welches gesellschaftliche Missstände und Diskriminierung in Bezug auf Dickleibigkeit, insbesondere deren Zusammenhänge mit anderen Diskriminierungsformen wie Klasse, Geschlecht und ‚Race‘ nicht einbezieht und stattdessen auf die individuelle Verantwortung abwälzt. Die Fat-Acceptance-Bewegung grenzt sich deshalb als Reaktion auf den ausschließenden Diskurs hiervon ab. Da die Akteur_innen der Bewegung „über keinen medizinischen Expertenstatus verfügen" (Schorb 2015: 222) ringen diese Artikulationen in der öffentlichen Debatte jedoch auch immer wieder um Anerkennung. Die Fettaktivistin und Modebloggerin Katrin Lange findet auf ihrem Internetblog „Reizende Rundungen" klare Worte für die Besorgnis um die Gesundheit von dicken_fetten Menschen:

„Fat Acceptance will nicht Gesundheit verteufeln, es will, dass Gesundheit wieder eine selbstständige und individuelle Sache ist, die jeder mit sich und für sich ausmachen kann und sollte, und die nicht im öffentlichen Raum zur Debatte steht. [...]

Fat Acceptance zeigt dicken_fetten Menschen, dass ihr Leben lebenswert ist, dass es lebenswert sein darf. Bis ich 20 war, war mein Alltag bestimmt von Zweifeln und Hass, ich habe immer darauf gewartet und gehofft, dass wenn ich doch endlich nur xy KG abnehmen würde mein Leben los geht. [...]

Und mal ganz ehrlich, lauft ihr wirklich alle durch die Stadt und macht euch bei jedem Menschen Gedanken über den Gesundheitszustand? Fragt ihr euch an der Ampel ob die Dame neben euch wohl morgen noch lebt? Nein! Wieso ist es also okay dicke_fette Menschen dauerhaft zu bevormunden und zu verurteilen und das unter den Mantel der Besorgnis um die Gesundheit zu verstecken. Wenn ihr fette Menschen scheiße findet, dann steht wenigsten dazu und versucht nicht euch das selber schön zu reden." (Lange 2015, Schreibweise im Original.)

Die Forderung nach Akzeptanz und einem Ende der Bevormundung, welche insbesondere für die Gruppe sehr dicker Menschen wichtig ist, befindet sich noch zu einer anderen Perspektive im Verhältnis: Der häufig in der Anti-Diät-Bewegung vertretene *biologische Determinismus*, der mit einer gesundheitsorientierten Argumentation einhergeht, dass Dicksein genetisch bedingt und damit unverschuldet sei, wird von vielen Vertreter_innen der Fat-Acceptance-Bewegung abgelehnt. (vgl. ebd.: 215) Denn diese Argumentation trägt das Risiko einer essentialistischen Vorstellung von Dicksein in sich, in der suggeriert wird, dass Dicksein als naturgegebene Veranlagung festgelegt ist. Einerseits schließt sie sich damit an das Gesundheitsparadigma und seine Vorstellungen von individueller Selbstoptimierung an, nach dem Motto: ‚Du musst nur ein gesunder Dicker sein, dann bist du ein guter Dicker.' Insbesondere der weitverbreitete Slogan „Health at every Size" weist hierauf hin und wird deswegen von Fettaktivist_innen häufig kritisiert (vgl. Cooper 2016: 184- 187). Der Versuch, die Gesundheit dicker Menschen als natürlich zu identifizieren und gesundheitliche Folgen von einem hohen Körpergewicht zu leugnen verstrickt sich in die medizinischen Gesichtspunkte in den Vordergrund stellende Argumentationen. Diese Reaktion auf eine gesundheitspolitisches Narrativ unterminiert das Moment, in dem ein wirklicher Gegenentwurf hierzu entsteht, in dem es sich ihm indirekt anschließt. Die Betonung der genetischen Veranlagung und damit der eigenen Unschuld und Beteuerung eines gesunden Lebensstils dicker Aktivist_innen verhindert, dass über Dicksein in seiner gesellschaftlichen Bedeutung nachgedacht wird. Cooper erklärt diese Haltung als „Healthism" (ebd. 184), der eine ableistische Vorstellung von Gesundheit und körperlicher Fähigkeit zugrunde lege. „Dies kreiert einen Fett-Aktivismus, der schnell untolerant und nicht haltbar für diejenigen wird, die sehr dick, nicht arbeitsfähig, ungesund oder chronisch krank sind." (ebd.: 185, Übers. d. Verf.)

Unabhängig von der naturwissenschaftlichen Perspektive wird deshalb von vielen Agitator_innen der Fat-Acceptance Bewegung versucht, den dicken Körper zu rekontextualisieren aus einer sozialen und kulturellen Perspektive, um schließlich die Wertansprüche und Deutungsmuster des hegemonialen Körperdiskurses offenzulegen und einen Gegenentwurf zu etablieren (vgl. LeBesco 2004: 6 f.; Cooper 2016: 3).

Intersektionales Selbstverständnis

Im Folgenden wird das Konzept der *intersektionalen Mehrebenenanalyse* skizziert, deren Bedeutung für die Fat-Acceptance-Bewegung aufgegriffen und als Haltung der machttheoretischen Überlegungen der Fat-Acceptance-Bewegung dargestellt.

„Intersectionality" ist ein 1989 erstmals von der schwarzen US-amerikanischen Juristin Kimberlé Crenshaw entworfenes Konzept, das in den Sozialwissenschaften zur Analyse von Machtverhältnissen methodisiert wurde (vgl. Chebout 2012) und in immer mehr queer-feministischen Kontexten Anwendung findet. Dieses Konzept entwickelte Crenshaw in Bezug auf juristische Fallanalysen, in denen sie die Antidiskriminierungsgesetze der USA untersuchte (vgl. Crenshaw 1989, 141-143).

Crenshaw entwarf bei der Einführung des Begriffs die Metapher einer Straßenkreuzung, „bei der sich unterschiedliche Diskriminierungsformen überschneiden" (Walgenbach 2012), und kritisierte hiermit das eindimensionale Verständnis von Betroffenheiten und die damit einhergehenden limitierten Fallbearbeitungsmöglichkeiten der Antidiskriminierungsgesetze der USA. Dieses Konzept wurde von mehreren Theoretiker_innen, so unter anderem von der Schwarzen Kulturtheoretikerin und Feministin bell hooks, weiterentwickelt und wurde so zur politischen Praxis sozialer Bewegungen, wie der Disability-Bewegung und der Schwarzen Frauenrechtsbewegung. Die Intersektionalität kann zudem als „Orientierungsrahmen" (ebd.) einer Forschungsmethode und -haltung beschrieben werden (vgl. ebd.).

In einer *intersektionalen Mehrebenenanalyse* werden die Verflechtungen und Wechselwirkungen von Dominanz- und Machtverhältnissen, insbesondere ‚Race', Klasse und Gender, aber auch (Dis-)Ability und Sexualität betreffend, untersucht.

„Erste theoretische Impulse dafür lassen sich [...] im Black Feminist Statement (1977) des Combahee River Collectives identifizieren." (Combahee River Collective 1981 nach Walgenbach 2012) Diese 1974 gegründete politische Gruppierung setzte sich für die Anerkennung der Rechte Schwarzer Frauen in der feministischen Debatte ein, da diese in den frühen feministischen Kämpfen systematisch ausgeschlossen, diskriminiert und in ihren Anliegen ignoriert wurden. Die Diskriminierungserfahrungen, von der weiße Frauen betroffen waren und immer noch sind, unterscheiden sich außerdem stark von der Situation von Frauen ‚of Colour'. Während weiße Frauen sich gegen die Hausfrauenrolle wehrten und für die

Möglichkeit, arbeiten zu dürfen, kämpften, gab es in Haushalten ‚of Colour' aufgrund der prekären finanziellen Situation kaum eine Wahl, ob die Frau zu Hause bleiben möchte oder nicht. Während weiße Frauen um das Recht auf Abtreibung kämpften, waren einige Schwarze Frauen von Sterilisationen ohne ihre Einwilligung betroffen (vgl. Davis 1982: 206f.).

Ähnlich sind zum Beispiel Frauen mit Behinderung von anderen Unterdrückungsformen betroffen als Männer mit Behinderung. Auch hier spielen ungewollte Sterilisationen eine Rolle (vgl. Köbsell 1993: 38f.). Aber auch das Risiko, Opfer von Vergewaltigung zu werden, ist verstärkt. Beim Benennen der Tat ist die Wahrscheinlichkeit, nicht ernst genommen zu werden, sehr viel größer, als bei Frauen ohne Behinderung. Denn Menschen mit Behinderung werden „nach gängiger Meinung als asexuelle Wesen bzw. sexuell unattraktiv angesehen" (ebd.: 36)

Anstatt die sozialen Kategorien miteinander zu kombinieren, geht eine intersektionale Herangehensweise davon aus, dass die Modalitäten der Diskriminierungserfahrungen sich in ihrer Ausprägung unterscheiden, wenn eine Person von mehreren gleichzeitig betroffen ist (vgl. Rommelspacher 2009: 3).

Diese Kategorien werden in dieser Herangehensweise mit dem Fokus auf den Macht- und Herrschaftsverhältnissen untersucht. Anders als in „Diversity"-Konzepten, die mit Begriffen der Heterogenität und Diversität ihr Augenmerk auf unterschiedliche Lebenslagen legen, geht die intersektionale Perspektive davon aus, dass „Differenzen bzw. soziale Ungleichheiten stets als Resultat von Macht- und Verteilungskämpfen sowie als Legitimationsdiskurse für Ausbeutung, Marginalisierung und Benachteiligung" (Walgenbach 2012) verstanden werden sollten.

Welche Differenzkategorien hier eine Rolle spielen und welche hier besonders stark gewichtet werden, ist eine oft diskutierte Frage, wenn es um die Zielsetzungen des Intersektionalismus geht. Wer als dick wahrgenommen wird und auf welche Weise, hängt der intersektionalen Perspektive nach mit weiteren sozialen Kategorien zusammen, die mit dem Stigma in Korrelation stehen, so unter anderem mit Gender, ‚Race' und Klasse (vgl. Cooper 2016: 1).

„Following Patricia Mann, it is worth considering to what extent political struggle over the meaning of fat is ‚buil[t] upon upon the facts of cultural intersectionality.' We can now easily recognize that an actor is as impossibly ‚simply fat' as she is ‚simply white' or ‚simply woman'" (Mann 1994: 159 nach LeBesco 2004: 10)

Der Fat Activism in den USA begann bereits in den 1970ern, die Zusammenhänge von Fett, Klasse und Geschlecht einzubeziehen, nahm jedoch erst später auch ‚Race', Sexualität und (Dis-)Ability als Bedeutungsebene wahr (vgl. Cooper 2016: 102). In neueren Deutungen des intersektional denkenden Fettaktivismus werden die Interpendenzen von unterschiedlichen Diskriminierungsformen im Zusammenhang mit Fett neu gelesen, wie beispielweise die Fetischisierung dicker Frauenkörper ‚of Colour' als eigenständig wirkendes Machtverhältnis von ‚Race', Geschlecht und Körperfett.

Akteur_innen und Forderungen der Fat-Acceptance-Bewegung

Im Unterschied zur Anti-Diät-Bewegung, deren Akteur_innen hauptsächlich aus dem medizinischen Fachbereich kommen, sind die Aktivist_innen der Fat-Acceptance-Bewegung überwiegend „Laien" (vgl. Schorb 2015: 221). Die Organisationen dieser Bewegung haben oft kaum Geldmittel zur Verfügung. Deswegen wird ihre Glaubwürdigkeit häufig in Frage gestellt. Dies mag außerdem daran liegen, dass Körperfett mit einem geringen Bildungsstand assoziiert wird und die Mitglieder der Bewegung daher weniger soziales Ansehen genießen. Auch die Mutmaßung, dass es bei der Bewegung nur um eine Rechtfertigung für einen ungesunden Lebensstil gehe oder um den Versuch, sich selbst über die eigenen Wünsche nach einer „besseren Figur" hinwegzutäuschen, diskreditieren die Anliegen der Bewegung immer wieder. Doch zunehmend schließen sich auch Menschen aus medizinischen, psychologischen und sozialwissenschaftlichen Fachbereichen der Bewegung an und erwirken somit mehr mediale Aufmerksamkeit (vgl. ebd.). Dieser Übergang von einer Subkultur, die sich in sozialen Netzwerken, in der Kunst- und Theaterszene, bei sogenannten Fatshion-Shows, in diversen Internetblogs, Workshops und auf Konferenzen austauschte, hin zu einem „professionalisierten" Verständnis von Öffentlichkeitsarbeit und Organisation wird insbesondere sichtbar an der wachsenden akademischen Rezeption in den USA, Großbritannien und Australien.

Die meisten Bücher und Texte über die Bewegung sind in den letzten zehn Jahren entstanden, und mit ihnen auch an Universitäten die ersten Seminare, die sich mit der gesellschaftlichen Wahrnehmung von dicken Körpern auseinandersetzen, die sogenannten

Fat Studies. So wurden seit 2007 in den USA unter anderem an Universitäten in Durham, Oregon, und New York die *Fat Studies* mit in das Curriculum aufgenommen, welche sich am Vorbild der *Disability Studies, Gender Studies* und *African American Studies* orientieren und sich in ihrem intersektionalen Selbstverständnis über sozial- und kulturwissenschaftliche Analysen als mit diesen Forschungszweigen zusammenhängend verstehen (vgl. Farrell 2011: 20; vgl. Schorb 2015: 233). Auch in anderen Ländern wie Großbritannien, Australien, Neuseeland und Deutschland findet vor allem auf Konferenzen an den Universitäten eine Auseinandersetzung mit dem Thema statt (vgl. Cooper 2016: 6; vgl. Schorb 2015b). Die *Fat Studies* werden als ein aus der politischen Bewegung heraus entstandener Forschungszweig gesehen, dessen Haltung sich klar gegen die Diskriminierung von Körperfett positioniert und die gesellschaftliche Wahrnehmung von Körperfett in deren historischen, soziologischen und politischen Dimensionen zu untersuchen versucht (vgl. Farrell 2011: 21). Personell überschneiden sich die in der Lehre und im aktivistischen Kontext Aktiven häufig (vgl. ebd.).

„Es könnte argumentiert werden, dass die Fat Studies eine Form des Aktivismus repräsentieren, da sie die politische Natur ihrer Arbeit anerkennen." so Cooper (2016: 6, Übersetzung d. Verf.).

Gleichzeitig unterstreicht Cooper die Wichtigkeit aktivistischer Bezüge außerhalb universitärer Institutionen (vgl. ebd.: 9).

Die wachsende Aufmerksamkeit und Verbreitung der aktivistischen Perspektive im universitären Kontext wird von einigen Akademiker_innen kritisch gesehen, da hier ein voreingenommener Blick die Lehre politisiere und nicht genügend Abstand zu den untersuchenden Gegenständen vorhanden sei. Hierzu meint zum Beispiel Stephan Balch, der Präsident der Nationalen Gelehrten-

Vereinigung der USA: „Diese Studiengebiete befassen sich nur noch damit, die Klagen einer einzelnen gesellschaftlichen Gruppe zu untermauern. Das sollte nicht Sinn und Zweck der Universität sein." (Zitiert in Weingarten 2007: 2)

Einige Aktivist_innen und Akademiker_innen argumentieren hingegen, dass ein unvoreingenommener Blick in der Wissenschaft ohnehin nicht möglich sei und stattdessen eine klare Benennung der eigenen Position und eigenen Privilegien der Idee einer scheinbar objektiven Wissenschaft eine Sichtbarmachung der Perspektive und somit Transparenz entgegenhalten könne (vgl. Cooper 2016: 33).

Welcher Wissenschaftsbegriff hier Anwendung findet und inwiefern die Debatte über das Wissenschaftsverständnis Teil universitätspolitischer Machtkämpfe darstellt, ist eine Thematik, die eine nähere Untersuchung und Diskursanalyse erfordern würde.

Die Akteur_innen des Fat Activism haben unterschiedliche und mitnichten nur universitäre Hintergründe. Auch die Forderungen der verschiedenen Akteur_innen der Bewegung sind sehr heterogen.

Viele Menschen, die als „leicht übergewichtig" beschrieben werden können, setzen sich insbesondere für die Entstigmatisierung ihrer Körper und für eine Anerkennung als schön und normal ein. Sie wollen ihre Autonomie in Fragen der Lebensstilentscheidungen zurück. Sie nehmen es nicht mehr hin, in ihrer Körperlichkeit als etwas Abweichendes konstruiert zu werden, und in eine Zone von ‚dem was nicht sein darf' gesperrt zu werden und fordern sich damit ihren eigenen Raum in der sozialen Welt.

Sehr dicke Menschen jedoch haben zusätzlich „in vielen Bereichen Bedürfnisse, die denen körperbehinderter Menschen gleichen" (Schorb 2015: 209), und ihre Forderungen beziehen sich mehr auf die barrierefreie Umgestaltung des öffentlichen Raums und auf eine Verbesserung der medizinischen Versorgung.

Doch nicht alle dicken Menschen wollen sich als „disabled" beschreiben lassen (vgl. ebd.). Zudem sind manche Menschen mit Behinderung dagegen, die Fat-Acceptance-Bewegung als Teil ihrer Anliegen zu sehen, da die Mobilitätseinschränkungen, Ausschlüsse und Diskriminierungserfahrungen, die mit Dicksein einhergehen können, oft aus einem individuellen Lebensstil entstanden seien (vgl. ebd.). Sie sehen einen Unterschied zwischen einer körperlichen Grundverfassung und einer durch Ernährung entstandene Abweichung von der Körpernorm.

Ein Grund, der jedoch dafür spricht, die Anliegen der Dickenbewegung an die Konzepte der Disability-Bewegung anzulehnen, ist ihre Interpretation, nicht das Individuum für die wesentlichen Probleme, die mit einem erhöhten Körpergewicht einhergehen, verantwortlich zu sehen, sondern die Gesellschaft und die sie durchziehende Stigmatisierung von Körperfett (vgl. Cooper 2016: 4).

Die Kritik an einem Menschenbild der Selbstoptimierung, in der Schwäche oder Andersartiges abgelehnt wird, ist den Anliegen von Menschen mit Behinderung und den Fettaktivist_innen gemein (vgl. Cooper 2016: 184-187). Dies ähnelt dem Modell der Disability-Bewegung, sich nicht als behindert zu begreifen, sondern die Gesellschaft als behindernd.

Schorb (2015: 227) sieht in der Fat-Acceptance-Bewegung insbesondere eine Parallele zur Homosexuellenbewegung, deren Interessen sich auf die rechtliche und gesellschaftliche Anerkennung ihrer Lebensweise beziehen und die gegen eine Pathologisierung kämpft. Dieser Vergleich ist außerdem deshalb naheliegend, weil aus der lesbisch-feministischen und der queer-feministischen Bewegung heraus einige inhaltliche und personelle Bezüge zum Fat Activism entstanden (vgl. ebd.: 223; Cooper 2016: 145 f.).

In Deutschland: Beispiele für eine beginnende Thematisierung von Gewichtsdiskriminierung

In Deutschland ist die Fat-Acceptance-Bewegung weniger sichtbar als in den USA und Großbritannien und wird deshalb oft als nicht vorhanden oder erst in den Anfängen stehend wahrgenommen (vgl. Schorb 2015: 207). Die *Gesellschaft gegen Gewichtsdiskriminierung e. V.* (2014: 1-5) (im Folgenden GgG genannt), welche 2011 gegründet wurde, ist einer der ersten Vereine, der sich ausschließlich dem Thema Gewichtsdiskriminierung verschrieben hat, Aufklärungs- und Öffentlichkeitsarbeit leistet und hierzu ein Positionspapier veröffentlicht hat. Darin fordert die GgG unter anderem eine Verbesserung der medizinischen Versorgung, den barrierefreien Ausbau für Menschen aller Körpergrößen im öffentlichen Raum, eine „nicht-diskriminierende bildliche Darstellung von dicken Menschen" (ebd.: 4) in den Medien, eine Pädagogik, die sensibel ist für Gewichtsdiskriminierung, eine vorurteilsfreie Forschung sowie „Spielraum [...] für private Lebensstilentscheidungen ohne Abstrafung" (ebd.: 5) anstelle einer dickenfeindlich intervenierenden Gesundheitspolitik.

Es gibt zudem einige deutschsprachige Internetblogs, die von von Einzelpersonen initiierten Modeblogs bis hin zu Informationsblogs aus dem queer-feministischen/ linkspolitischen Spektrum reichen. Im Folgenden seien einige Beispiele genannt.

Die Aktivistin und Romanautorin *SchwarzRund* veröffentlicht Zines zum Thema Dicksein, Körper und Rassismus, schreibt auf ihrem Blog schwarzrund.de über Autobiographisches und veröffentlicht Videos auf Youtube. Sie positioniert sich aus einer queeren Perspektive und thematisiert neben Themen des Fettaktivismus Rassismuskritik, Geschlecht und Begehren.

Auch Blogs mit mehreren Autor_innen, die regelmäßig auf verschiedenen Plattformen journalistisch aktiv sind, veröffentlichen derzeit immer wieder Texte zum Thema. So der mehrfach für Medienpreise nominierte Blog *maedchenmannschaft.net*, auf dem unter anderem die körperpolitisch orientierte Feministin Magda Albrecht über Dickendiskriminierung schreibt. Sie wirkt auch auf dem Blog *fettcast.org* bei der Veröffentlichung regelmäßiger Podcasts über „dickes Leben, dicke Politik und dicken Alltag" mit (vgl. Albrecht 2016: o. S.).

Aber nicht nur auf Internetblogs und in anderen subkulturellen Medien wird die Haltung der Fat Acceptance verbreitet und praktiziert. Insbesondere an Orten der LSBTI- Bewegung wird die Notwendigkeit eines ‚fettpositiven Raumes" (transinterlesbianfeminist 2017: o. S.) gesehen und hierfür Partys und regelmäßige Kneipenabende organisiert (vgl. ebd.). Diese Veranstaltungen wollen zudem außerhalb heteronormativer Zweigeschlechtlichkeit (Schutz-)Räume produzieren.

Die Fachliteratur über die Fat-Acceptance-Bewegung ist hauptsächlich englischsprachig. Dies verdeutlicht, dass eine akademische Auseinandersetzung mit den Anliegen der Bewegung im deutschen Raum erst in Ansätzen vorhanden ist.

In der deutschen Literatur ist Friedrich Schorb einer der ersten Akademiker_innen, der eine umfangreiche Auseinandersetzung mit der Fat-Acceptance-Bewegung publiziert hat (vgl. Schorb 2015).

Unabhängig von der akademischen Rezeption besteht jedoch auch in Deutschland ein wachsendes Interesse an den Anliegen der Bewegung, was den Anschein erweckt, als würde es sich um ein neues Phänomen handeln. Charlotte Cooper (2016: 154) warnt davor, die USA als ‚Vorreiterin' der Bewegung zu sehen und deren Dominanz im politischen Diskurs so zu reproduzieren. Da die USA und Großbritannien auf Englisch veröffentlichen, würden diese Publikationen gemeinhin schneller als international relevant bewertet, während andere Länder regionalpolitischer blieben (vgl. ebd.). Die Bewegung sei allerdings unabhängig von der medialen Aufmerksamkeit in den verschiedensten Ländern Europas aktiv – so zum Beispiel in Deutschland, Frankreich, Belgien und Dänemark – und würde allzu leicht übersehen oder als „Nachahmung" des US-amerikanischen Vorbilds bewertet (vgl. ebd.). Deutlich macht Cooper zudem, dass die Bewegung aus vielen kleinen Gruppierungen und Communities bestehe, deren Vernetzung noch im Prozess begriffen sei und denen es häufig an Medienwirksamkeit fehle. In den letzten Jahren wurde in den deutschen Medien jedoch vermehrt über die Fat-Acceptance-Bewegung in Deutschland berichtet. Es ist daher anzunehmen, dass mit einer steigenden Öffentlichkeit die Bewegung in Deutschland sichtbarer wird und sich deshalb immer mehr Blogs und Gruppierungen mit dem Thema auseinandersetzen.

Die Menschen, die im körperpolitischen Spektrum aktiv sind, haben oft verschiedene Hintergründe und Haltungen. Dies wird an den Gruppen, an den Ausdifferenzierungen ihrer Ausrichtungen und an unterschiedlichen Herangehensweisen erkennbar (vgl. Cooper 2016: 130 ff.). Innerhalb der verschiedenen Communities gibt es ein heterogenes Meinungsfeld, welches ich genauer untersuchen will.

Feminismus und Fettaktivismus

Wie in der kulturgeschichtlichen Darstellung der Entwicklung der Wahrnehmung von Körperfett erkennbar wurde, spielt die normative Weiblichkeitskonstruktion für die Entstehung des Idealkörpers und Fettfeindlichkeit eine wichtige Rolle. Wenngleich das Geschlecht nicht der Hauptfaktor für Gewichtsdiskriminierung ist, sind Mädchen und Frauen von den Schlankheitsnormierungen stärker und in anderer Hinsicht betroffen. In den hegemonialen Diskursen über Geschlechterrollen stellt die Vorstellung vom weiblichen Idealgewicht ein unerreichbares Idealmaß dar.

„[I]n repräsentativen Umfragen [bekundet] immer wieder die überwiegende Mehrheit, sich ‚zu dick' zu fühlen. Noch zwanzig Prozent der Frauen, die eindeutig untergewichtig sind, bezeichnen sich selbst als übergewichtig; bei Männern dagegen sind diese Fehleinschätzungen viel seltener anzutreffen." (Silberstein/ Striegel-Moore 1987: 93 nach Neckel 1991: 247).

Dies ist ein Grund, warum eine Thematisierung von Fat-Shaming aus feministischer Perspektive naheliegend wäre. Trotz der thematischen Verwandtschaft von Kritik an patriarchalen Schönheitsvorstellungen mit der Kritik an Gewichtsdiskriminierung haben die feministische Bewegung und die Fat-Acceptance-Bewegung jedoch ein ambivalentes Verhältnis zueinander (vgl. Schorb 2015: 222).

Feminist_innen wie Naomi Wolf argumentieren insbesondere mit Fokus auf Körperbilddiskurse und hegemoniale Schönheitsvorstellungen. Wolfs zentrales Argument ist, dass Diäten und der Versuch, sich an Schönheitsideale anzupassen, Frauen beschäftigen und davon abhalten soll, sich um andere Interessen zu kümmern, die außerhalb der vorgesehenen Geschlechterrolle liegen (vgl. Wolf 1992 nach Stearns 1997: 73; Schorb 2015: 31). Der Mythos weiblicher Schönheit ist, so Wolf, ein Konzept, das sich zu einem Absatzmarkt entwickelt hat. Weibliche Schönheit fungiere auf diesem Markt wie eine Kapitalanlage (vgl. Wolf 1992: 24) und werde gleichzeitig als Mittel verwendet, um Frauen den Zugang zu Machtpositionen zu verwehren (vgl. ebd.). Dieser Ansatz findet auch in anderen feministischen Analysen immer wieder Verwendung. Diäten werden in dieser Interpretation als Selbstdisziplinierungsmaßnahmen kritisiert, die – der Position der Anti-Diät-Bewegung gemäß – Essstörungen auslösten.

Die Soziologin Christina Mundlos (2011) arbeitet in ihrer Analyse der geschlechtlich geprägten Körperscham heraus, dass junge Frauen schon früh empfänglich für Schönheitsidealisierungen gemacht würden und daher einem ständigen Unzulänglichkeitsgefühl ausgesetzt wären. Die diesem Sozialisationsprozess zugrunde liegenden Normvorstellungen beschreibt sie als beschämendes „Schönheitsdiktat" (ebd.: 13). Der Begriff taucht in der feministischen Auseinandersetzung mit dem Thema Schönheit und Körper häufig auf, und meint unter anderem ein übermäßig schlankes Schönheitsideal, scheint jedoch das Thema Körperfett zu umschiffen. Hier werden hegemoniale Körperbilder als Risiko für das Selbstwertgefühl thematisiert, und die daraus resultierende Gefahr, an einer Essstörung zu leiden, wird vor dem Hintergrund geschlechtsspezifischer Sozialisationsfaktoren untersucht. So wird ein Zusammenhang zwischen der negativen Selbsteinschätzung des eigenen Körpergewichts und dem erhöhten Risiko, hierdurch erst an Gewicht zuzunehmen, angenommen. Diese Position gegen Diäten entspricht den Artikulationen der Anti-Diät-Bewegung.

Cooper (2016: 22 f.) kritisiert, dass hier Fett als Kategorie ausgeblendet oder, wie in dem Buch „Fat is a feminist issue" von Susie Orbach (1978), pathologisiert und als aus patriarchalen Unterdrückungsverhältnissen entstandene, zu überwindende Essstörung dargestellt werde. Diese Psychopathologisierung unter feministischer Flagge reproduziere die Stereotype, die mit Fett zusammenhängen, während sie vorgebe, die (feministische) Diskussion über Körperfett zu repräsentieren: „But fat activism is absent, the movement [...] has been completely overlooked by these feminists." (Ebd.: 22 f.)

Zudem trete in einigen feministischen Rezeptionen des Fat Activism eine klassistische Abwertung der Bewegung hervor, mit der Begründung, die Bewegung würde Frauen ungesund machen und dazu verleiten, immer mehr günstige und ungesunde Produkte zu konsumieren (vgl. ebd.: 27).

Viele feministische Akteur_innen stehen dem Fettaktivismus kritisch gegenüber oder ignorieren dessen Anliegen. Dies hat seine geschichtlichen Wurzeln in der Wahrnehmung von dicken Frauenkörpern innerhalb der Ersten und Zweiten Frauenbewegung als rückwärtsgewandtes Mutterbild (vgl. Farrell 2011: 175; Schorb 2015: 223) und „änderte sich erst mit dem Aufkommen der dritten Frauenbewegung und vor allem der Queer-Bewegung in den 1990er Jahre[n]" (Schorb 2015: 223).

Die veränderte Wahrnehmung der Aufgaben und Hintergründe einer feministischen Positionierung beschreibt Schorb als „Paradigmenwechsel" (ebd.: 223), in dessen dekonstruktivistischer Grundhaltung und queer-feministischen Bezügen die Fat-Acceptance-Bewegung als Akteurin gemeinsamer Ziele des Feminismus anerkannt wurde. Dennoch gibt es auch in aktuellen feministischen körperpolitischen Diskursen keinen Konsens darüber, was sich in den unterschiedlichen Reaktionen auf die Fat-

Acceptance-Bewegung im Mainstream-Feminismus niederschlägt (vgl. Farrell 2011: 140 f.).

Feminismus kann als ein Überbegriff für ein plurales Feld verstanden werden, in dem unter anderem konservative und neoliberale Argumente, marxistische, poststrukturalistische und viele weitere Positionen zum Ausdruck kommen. Auch innerhalb der Fat-Acceptance-Bewegung gibt es konservative Tendenzen, Widersprüche und Ausschlussmechanismen, die das Selbstverständnis der Bewegung immer wieder auf die Probe stellen. So weist Cooper (2016: 182) als Beispiel auf antiziganistische Diskriminierungen bei einer Demonstration in Berlin hin, bei der Menschen, die als „Sinti und Roma" gelesen wurden, die frei verteilten Süßigkeiten verwehrt wurden. Sie kritisiert die überwiegend weiße Repräsentation der Bewegung in medialen Kontexten (ebd.: 162 ff.) ebenso wie antifeministische Tendenzen innerhalb der *NAAFA* und unterstreicht die Notwendigkeit von queeren Strategien innerhalb der Fat-Acceptance-Bewegung, um diese am Leben zu erhalten und andere politische Kämpfe mit einzubeziehen (ebd.: 2).

Welche Strategien mit *queer* gemeint sein können, warum sie für die Bewegung von Bedeutung sind und welche Spannungsfelder hier entstehen werde ich im Folgenden näher erläutern.

Fat Activism im Spannungsfeld zwischen dekonstruktivistischer Performativität und Identitätspolitik

Als Antwort auf die häufig vertretenen „simplifizierten (vulgär-) marxistischen Ideologie[n]" (Schorb 2015: 224) der Linken in den 1960er und 1970er Jahren, die den Klassenkampf als Hauptwiderspruch hervorhoben und alle anderen Kämpfe zu Nebenwidersprüchen degradierten, formierten sich soziale Bewegungen in der westlichen Welt insbesondere identitätspolitisch (vgl. ebd.). So wurden unter anderem deshalb die Forderungen der Schwarzen Bürgerrechtsbewegung in den USA im Kampf um Gleichberechtigung durch die Selbstbezeichnung als Schwarz in Abgrenzung zur weißen Vormachtstellung in politischen Diskursen nach außen getragen (vgl. ebd.: 225). Die Abgrenzung einer Gruppe im Sinne einer selbstermächtigenden Positionierung und Identifikation bot einen wichtigen Schutzraum für politische Forderungen und Praxen, führte jedoch auch zu der Frage, wer der Gruppe zugehörig ist und wie die Anliegen nicht-Schwarzer People of Colour in der antirassistischen Bewegung mitgedacht werden können. Identitätspolitik birgt „immer auch die Frage, wer dazugehören darf, [...] und [provoziert] damit zwangsläufig Ausschluss" (ebd.: 223 f.).

Schorb argumentiert in seiner Auseinandersetzung mit dem Fat Activism, dass in der Fat-Acceptance-Bewegung ähnliche Problemstellungen auftauchen.

Die Aneignung des Begriffs „Fat" in der
Fat-Acceptance-Bewegung

Ideologie ist, so Stuart Hall (2013: 43), ein hauptsächlich aus der Praxis entstandenes Feld, das sich nicht rein an der Erkenntnistheorie orientiert und dessen Erfahrungswerte neues Wissen entstehen lassen. Ideologische Felder beschreibt er als „Systeme der Repräsentation" (ebd.: 50). Ideologische Kämpfe versuchen, „das ideologische Feld [zu] unterbrechen und dessen Bedeutung zu wechseln [...], indem sie seine Verbindung verändern oder reartikulieren, etwa aus einem Negativum ein Positivum machen" (ebd.: 62).

Hall erklärt dies am Beispiel von Rassismus, der Zuschreibung von negativen Eigenschaften zu dem Begriff „schwarz" im Kontext antirassistischer Bewegungen, die sich die negative Zuschreibung als positive Selbstbezeichnung aneigneten und als „kämpferische Subjekte" (ebd.) erstmals sichtbar wurden. Durch die alte Kategorie konnte sich ihre widerständige Ideologie und Identität bilden (vgl. ebd. 62f.). „„[S]chwarz' existiert also ideologisch nur in Beziehung zum Streit um diese Ketten von Bedeutung und zu den sozialen Kräften, die in den Streit verwickelt sind." (Ebd.: 64)

Der Kampf des Ideologischen ist nach Hall ein Versuch, die gesellschaftlichen Zustände zu verändern. Sie sollen sich nicht mehr „funktional in *jener* alten Weise [...] reproduzieren": „Die soziale Reproduktion als solche wird zum umstrittenen Vorgang." (Ebd.) Dies versteht er auch als Versuch, „dem *Grenzen* [zu setzen,] wie eine Gesellschaft mit Dominante sich einfach, reibungslos und funktional reproduzieren kann." (Ebd.) Identität ist demnach ein sich wandelnder Begriff, der in einer diskursiven Praxis entsteht und mit den ideologischen Kämpfen und Repräsentationen im

Wechselspiel steht (vgl. ebd.: 168). Identitäten stellen sich insbesondere durch Machtgefälle und Differenzen her: „Letztlich sind Identitäten vor allem auf der Grundlage von Differenz konstruiert […]." (Ebd.: 171)

Auch in der Fat-Acceptance-Bewegung findet die Umdeutung von Zuschreibungen als Versuch eines Bruches mit aktuellen Deutungen und Repräsentationen Anwendung. Der gesellschaftlich negativ konnotierte Begriff „fat" wird von den Akteur_innen der Bewegung als positive Selbstbezeichnung neu artikuliert.

„Sie argumentieren, ‚Fat' sei an sich nichts Negatives. Daher sei die Verwendung von ‚fat' ehrlicher und angemessener als die medizinischen Fachausdrücke Übergewicht und Adipositas, die als pathologisierend und stigmatisierend empfunden werden." (Schorb 2015: 208)

Die Selbstbezeichnungen unterscheiden sich im deutschsprachigen Raum im Gegensatz zum englischsprachigen mehrheitlich verwendeten „fat". Von der Annahme ausgehend, dass „fat" in Kontext und Erfahrung Bedeutung erhält und nicht als standardisierte Kategorie festgelegt werden kann, versuchen die Protagonist_innen der Fat-Acceptance-Bewegung hier von einem essentialistischen Verständnis von Dicksein als genetischer Disposition der Anti-Diät-Bewegung abzurücken und den Begriff als (kollektive) Identität neu zu formulieren (vgl. Cooper 2016: 1; LeBesco 2004: 1 ff.).

In Deutschland hingegen wird der Begriff „Fett" zum Beispiel von einigen Fettaktivist_innen mit einem großgeschriebenen „F" verwendet. Andere Gruppen, wie die GgG (2014: 4), benutzen vorerst lieber das Wort „dick", halten jedoch auch die Aneignung des Begriffes „fett" für eine Option. Hier gibt es weniger Konsens darüber, ob der Begriff „fett" für sich in Anspruch genommen werden soll. Einige benennen die Artikulationen deshalb als „dick_fett", um offen zu lassen, welche Selbstbezeichnung gewählt wird. Der Unterstrich ist aus der queerfeministischen Sprachpraxis, zwischen dem männlichen und weiblichen Binaritäten einen Raum für etwas Eigenes zu lassen, entlehnt.

Dicksein wird in der Fat-Acceptance-Bewegung als soziale Kategorie verstanden. Unabhängig von der medizinischen Sicht ist diese zur gleichen Zeit eine Frage der Betroffenheit wie auch eine Frage der eigenen Positionierung. Doch, so der Einwand von Schorb (2015: 209), wer sich selbst als dick_fett definieren kann, wird insbesondere unklar an der Grenze zum durch den BMI markierten ‚Normalgewicht' und zur ‚leichten Adipositas'. Die Grenzen sind fließend und der Punkt, ab wann jemand gesellschaftlich als zu dick wahrgenommen werden wird, ist nicht eindeutig festzulegen. Schorb arbeitet zudem heraus, dass sich die Anliegen sehr dicker Menschen im Bereich der (Dis-)Ability-Diskussion bewegen, während weniger dicke Menschen insbesondere ihre Stigmatisierung thematisieren.

‚Nicht Über Uns Ohne Uns!' ist die aus der Disability-Bewegung entstandene Forderung, die auch hier sinngemäß Anklang findet. Was jedoch dieses „Uns" ausmacht, wer sich zu diesem „Uns" zählt und ob manche sich nicht diesem „Uns" zugehörig fühlen wollen, das stellt das identitätspolitische Paradigma auf die Probe. „Auch das Spielen mit und der Wechsel von Identitäten [wird] durch diese Politik erschwert." (Ebd.: 225)

LeBesco (2004: 1 ff.) setzt sich in ihrem Buch „Revolting Bodies – the Struggle to redefine Fat Identity" mit Dicksein als politischer Situation auseinander, deutet Fettsein als subversiven Akt und tritt für eine positive Neubewertung von Fett als Identität ein. Sie formuliert den Konflikt der Zugehörigkeitsfrage als Sorge vor naturalisierenden Identitätskonzepten:

„[S]ome want to be able to make claims on behalf of *all* fat people, to posit one specific notion of ‚the' fat experience, while others want only to be able to speak for themselves and frequently articulate concerns about the oppressive nature of fat community demands." (Ebd.: 4)

Die Ausschlussmechanismen und im Widerstreit stehenden Praxen im Hinblick auf die ihnen zugrunde liegenden Vorstellungen von Identität sind ein wichtiger Bestandteil politischer Debatten über das Programm einer fettaktivistischen Perspektive, und der Frage danach, wer hier für wen spricht. Einige dicke Menschen wollen sich nicht der Fat-Acceptance-Bewegung zugehörig fühlen und sich nicht als dick_fett positionieren. Dies hängt außerdem auch damit zusammen, dass Dicksein vor allem als gesellschaftlich geprägte Erfahrung zu verstehen ist, und naturalisierende Identitätskonzepte die verschiedenen Hintergründe und Erfahrungen dicker Menschen nicht einbeziehen. Nicht alle Menschen derselben Gewichtsklasse fühlen sich gleichermaßen diskriminiert und sie machen zudem unterschiedliche Erfahrungen mit ihrem Dicksein. In einer Studie (Souza/ Ciclitira 2005 nach Barlösius 2014: 27), in der Frauen unterschiedlichen Gewichts zu Erfahrungen mit Stigmatisierung befragt wurden, trat zum Vorschein, dass hier weniger das eigene Gewicht von Bedeutung war, als „vielmehr, ob sie in nahen Sozialbeziehungen oder von Menschen, mit denen sie häufig Kontakt haben darauf angesprochen werden, zu dick zu sein." (Barlösius 2014: 27) Zum einen spielt die Körperform eine nicht unwesentliche Rolle. Dicke Frauen, deren Körperform dem Schönheitsideal der einer „Sanduhr" ähnelnden Form entspricht, machen zum Beispiel andere Erfahrungen als solche, die einen eher dickeren Bauch haben. Somit hat die Körperform unabhängig von dem Gewicht eine Bedeutung dabei, ob jemand als ‚zu dick' wahrgenommen wird. Die Bedeutung, die das Dicksein hat, ist abhängig von den anderen Identitäten und sozialen Kategorien, mit denen es zusammenfällt. Geschlecht ist auch außerhalb binärer und Cis-Identitäten eine wichtige Komponente dieser Zusammenhänge. Dicke (Trans-)Männer werden zum Beispiel schnell als zu weiblich gelesen, da sie in ihrer Körperform nicht dem männlichen, hegemonialen Idealkörper entsprechen und eine „kurvige" Körperform mit Weiblichkeit assoziiert wird. Somit sind sie in der Ausprägung in ganz anderer Form von Fat-Shaming betroffen und sehen nicht nur ihre Körpererscheinung stigmatisiert, sondern zusätzlich ihre Geschlechtsidentität ausgelöscht. Zuletzt hat insbesondere die soziale Stellung einen großen Einfluss darauf, welche Erfahrungen eine dicke Person macht. Denn die Stereotype, die mit dicken Körpern verbunden werden, treffen Menschen in prekären Lebenslagen in besonderer Weise.

Unter Berücksichtigung dieser Nuancen wird schnell deutlich, dass die Betroffenheit für dicke_fette Artikulationen weniger entscheidend ist als die Frage danach, wie sich jemand selbst positioniert. Diese Antwort auf die Schwierigkeit, dicke_fette Identität zu definieren wird von den Aktivist_innen unter dem Begriff der Definitionsmacht konzeptualisiert. Definitionsmacht meint hier, dass jeder Mensch als Subjekt über den eigenen Körper, die eigene Betroffenheit und die eigene Identität entscheidet und bestimmt: Selbstermächtigung als Gegenmittel zur Fremdbestimmung.

Die Identitätskonzepte des Fettaktivismus werden innerhalb der Bewegung immer wieder neu verhandelt. Insbesondere, ob es um Körperpositivität gehen soll oder nicht wird dabei sehr kontrovers diskutiert.

Körperpositivität: Die Frage nach dem Identitätskonzept

Die politische Praxis, das eigene Körpergewicht im Sinne einer positiven Aneignung zu akzeptieren und in der Forderung von Gleichberechtigung mit einer fettpositiven Haltung nach außen zu tragen, ist ein innerhalb der Fat-Community umstrittener Punkt in der Frage nach den Identitätskonzepten der Bewegung. Einige Vertreter_innen der Bewegung behaupten, der Versuch, für das Recht, dick zu sein, einzutreten, fordere auch eine positive Neubewertung des eigenen Körpers, indem eine Rechtfertigung des Körpergewichts und die Diät als Anpassungsversuch radikal auch in der persönlichen Beziehung zum eigenen Körper abgelehnt werden. Diese ‚Körperpositivität' wird auch als ein den Erfahrungen von Homosexuellen gleichendes „Coming Out as Fat" (Schorb 2015: 216 nach Saguy und Ward 2011) benannt. Auch wenn der dicke Körper im Gegensatz zur sexuellen Orientierung sichtbar ist, sei die Haltung einer radikalen Selbstakzeptanz als Coming-Out zu lesen.

Die Aufforderung zur positiven Neubewertung gibt allerdings einigen dicken Menschen Anlass für Kritik an der Fat-Acceptance-Bewegung. So sei der Versuch, sich „entgegen hegemonialen gesellschaftlichen Deutungsweisen als dick und schön zu positionieren" (Schorb 2015: 216) und sich nicht mehr für den eigenen Körper zu schämen, kaum zu bewältigen, da hier keine gesellschaftliche Akzeptanz und Unterstützung zu erwarten sei. Das Einstehen für den eigenen Körper sei gleichzeitig eine Verantwortungsverschiebung, die die gesellschaftlichen Praktiken der Beschämung und Ausgrenzung auszublenden drohe: „Letztlich werde die Aufgabe sich gegen Stigmatisierung zu stellen den Individuen überlassen, denen es ja freistünde, sich selbst als dick und schön zu ‚erkennen‘." (Ebd. 218)

Murray, die sich selbst als dem Fat Activism zugeneigte und gleichzeitig ambivalente Kritikerin der Bewegung sieht und von Schorb sowie Cooper rezipiert wird (vgl. Schorb 2015: 218; Cooper 2016: 17), formuliert ihre Bedenken insbesondere dahingehend, dass eine eindeutige Identität als Fett ein wahres Selbst voraussetze, „welches nur noch von den diskursiven Schichten des dickenfeindlichen Diskurses befreit werden" müsse (Schorb 2015: 218). Diese essentialistische Sichtweise beziehe die Widersprüche und Komplexität von Identität nicht mit ein und fordere zu einer rationalen Kontrolle der eigenen Subjektivität auf, so Murray (vgl. Murray 2008: 87 ff. nach Schorb 2015: 218). Gleichzeitig schließe sie die Menschen von der Bewegung aus, die ihren eigenen Körper nicht lieben können. Dicke Identität sei auch von der Verinnerlichung des Stigmas, das Körperfett anhaftet, beeinflusst. Der Erfahrungshintergrund einer gesellschaftlichen Abwertung des Körpers beeinflusst die Möglichkeiten der Artikulation und verhindert häufig, dass dicke Menschen sich trauen, für ihren Körper einzustehen (vgl. Schorb 2015: 221).

Cooper bezieht sich in ihrem Buch „Fat Activism" auf diese Kritik, der sie inhaltlich zustimmt (vgl. Cooper 2016: 14). Sie merkt jedoch an, dass der Aspekt der Selbstakzeptanz nicht gleichzusetzen sei mit Fat Activism. Diese häufig verbreitete Fehlannahme, die einen Teilaspekt von Fat Activism als dessen Kerninhalt interpretiere und damit die ganze Bewegung kritisiere, ohne deren kontroverse Diskurse einzubeziehen, verhindere eine fruchtbare Debatte und Weiterentwicklung der Bewegung (vgl. ebd. 14 ff.). Selbstakzeptanz sei ein Aspekt meist weißer, mittelständischer Kampagnen, die ähnlich wie die positive Psychologie argumentierten und dahin tendierten, die Liebe zum eigenen Körper als individuelle Heilungsmethode zu konzeptualisieren. Die Selbstliebe würde hier als Fundament der Fat-Acceptance-Bewegung dargestellt, während an queeren und intersektional denkenden Positionen und Praktiken vorbeiargumentiert werde (vgl. ebd.: 17). Als alternative Position innerhalb der Bewegung benennt sie eine aus der Trans-Bewegung entlehnte Haltung der „embodied ambivalence" (ebd.), in der der eigene Körper nicht geliebt werden muss, um für ihn eintreten zu dürfen. In diesem Zuge verwendet sie den Begriff Fat Activism und spricht nicht von Fat Acceptance für die Bewegung.

Die Debatte über Körperpositivität berührt eine häufig in sozialen Bewegungen auftauchende Auseinandersetzung mit dem Widerspruch zwischen einer exklusiven (kollektiven) Identität, in deren Rahmen die eigenen Rechte erkämpft werden können, und dem gleichzeitigen Bestreben, die Markierungen und Fremdzuschreibungen aufzulösen, die mit dieser Identität in Verbindung stehen, um damit die individuellen Zugehörigkeiten und Identifikationsmomente, aber auch Betroffenheiten in ihren Überlappungen mit anderen Identitäten wahrnehmbar werden zu lassen (vgl. Emcke 2010: 12 ff.).

Die Frage, wie Forderungen im Namen einer kollektiven Identität gestellt werden können, die sich auf Kategorien beziehen, welche in ihrer Konstitution Ungleichheitsvorstellungen hergestellt haben, führt zu der Frage, wie Identität von den Vertreter_innen der Bewegung konzeptuell verstanden wird. Hervorgehoben werden sollte hierbei, dass ein wichtiger Unterschied zwischen Modellen besteht, die Identität als „*passive* oder *erzwungene*, externe Reproduktion bzw. Konstruktion der kollektiven Identität" konzeptualisieren, und Theorien, „die von einer intentionalen, aktiven Reproduktion dieser Praktiken und Bedeutungen durch die Angehörigen selbst ausgehen" (Emcke 2010: 18).[9]

Queer-theoretische Bezüge des Fat Activism: Fett und Queer Politics

Die Queer-Theorie ist einerseits ein sich auf poststrukturalistische und dekonstruktivistische Modelle beziehendes Theoriefeld, in dem über sprachphilosophische Überlegungen hin die Grundannahme vertreten wird, dass Identität und insbesondere Geschlecht gesellschaftlich konstruierte Kategorien darstellen. Queer beschreibt damit ein theoretisches Feld der Geschlechtertheorie und Gesellschaftskritik. Queer wird andererseits als politische Denkrichtung und aktivistische Strategie verstanden.

Das Wort *queer* kommt aus dem Englischen und kann mit „schräg", „eigenartig" oder „sonderbar" übersetzt werden. Es wurde als beleidigendes Wort für Homosexuelle und Transgeschlechtliche benutzt. In den 1980er Jahren eigneten sich lesbische, schwule und trans- Aktivist_innen in den USA, viele von ihnen in Armut lebende People of Colour, das Wort jedoch als Kampfbegriff an, indem sie in schrillen Klamotten auf die Straße gingen und mit provokativen Aktionen auf sich aufmerksam machten. Sie verbreiteten den Begriff *queer* als Selbstbezeichnung und versahen ihn mit einer revolutionären, herrschaftskritischen Absicht (vgl. Perko

---

[9] Carolin Emcke erstellte in ihrer Doktorarbeit „Kollektive Identitäten" eine Typologie der kollektiven Identitäten, die die selbstgewählten und die zugeschriebenen „subjektivierende[n] Konstruktionen von Identität/ Differenz" (ebd.: 19) erfasst.

2006: 2f.). Im Laufe der Jahre veränderte der Begriff *queer* seine Bedeutung und er wurde vermehrt als Synonym für lesbisch-schwule Identitäten verwendet. Die Verwendung des Begriffs steht jedoch dem eigentlichen Anliegen im Wege, „kategoriale und iden-titätspolitische Einschränkungen zu überschreiten" (ebd.: 3) und Ausschlüsse sichtbar zu machen.

Judith Butler, die als wesentliche Referenztheoretikerin gilt, bezieht sich in ihren Überlegungen auf Foucaults Genealogie des Subjekts. Der Körper ist dieser Grundannahme zufolge durch die diskursiven *Sprechakte* materialisierte Wirkung der Machtverhält-nisse, er „bildet den Stützpunkt einer politischen Anatomie der Macht, die ihn als Naturalie handelt, wo er sich Machtwirkungen verdankt und sich mit Machtmechanismen verschränkt" (Kammler 2008: 196).

Judith Butler vertritt die Annahme, dass nicht nur das soziale Geschlecht (= *gender*) konstruiert sei, sondern auch das körperliche (= *sex*). Die Entstehung der körperlich gewordenen Wirklichkeit, insbesondere des Geschlechts, wird demnach im hegemonialen Diskurs auf deren Natur bezogen, was Judith Butler als Verschleie-rungseffekt der Konstruktion von Geschlecht bezeichnet (vgl. But-ler 1991: Kap. IV, 14 nach Kammler 2008: 196). Die Sprechakte sind dieser Theorie nach Handlungen, welche durch ihre Wiederho-lungen symbolische und gesellschaftliche Bedeutungen formen und sich in den Körper und das Subjekt einschreiben. Demnach gibt es auch kein rein „autonome[s] oder souveräne[s] Subjekt" (Kammler 2008: 197). Dennoch sieht Butler insbesondere in der *Performativi-tät* von Sprechakten eine Möglichkeit, die normativen Bedeutungen der Ordnungen zu verändern:

„Performativität ist bei Butler Bestandteil einer (Theorie-)Politik, die auf die Instabilität regulierender Normen und die unterminierende Wirkung permanenter Verschiebungen abhebt." (Kammler 2008: 195)

Butler versteht Identität als beweglich und fließend. Queer begreift sie in diesem Zuge als Anti-Identität „da seine Konstitution so dehnbar und undefinierbar ist." (Cooper 2016: 192) Essentialistische Vorstellungen von Fettsein als genetische Disposition oder eindeutige Identität zu dekonstruieren, gibt den Fettaktivist_innen neuen Spielraum. In dieser Deutung von Queer werden zugleich die „psychologischen und physiologischen Verständnisse von Fett und Geschlecht" (Farrell 2011: 140, Übersetzung d. Verf.) abgelehnt und umformuliert. Die Situation, aber auch das Verhältnis zum eigenen Körper von dicken Menschen als sozial konstruiert zu begreifen, hilft außerdem den Aktivist_innen, die Ambivalenz gegenüber dem eigenen Körper verstehbarer zu machen und damit auszuhalten. Das Umreißen von Identität(en) als uneindeutig und überschneidend ermöglicht es, Menschen mit unterschiedlichsten Hintergründen einzubeziehen und die Strukturen der Bewegung offen zu halten. Binäre Pole werden aufgelöst und Zwischenräume ermöglicht. Gleichzeitig entstehen mit den queeren Bezügen neue politische Allianzen, die die Bewegung zu einem differenzierten Feld wachsen lassen, in dem das Interesse nicht nur der Veränderung für die eigene jeweilige Gruppe gilt, sondern gesamtgesellschaftliche Veränderungen von Hegemonien angestrebt werden.

So versucht die Theoretikerin LeBesco den Widersprüchen zwischen Fettsein als Identität und einer dekonstruktivistischen Haltung auf den Grund zu gehen. Ihren theoretischen Annahmen liegen queer-theoretische, intersektionale, kulturwissenschaftliche und gleichzeitig interaktionistische Überlegungen zugrunde (vgl.

LeBesco 2004: 2-10). Sie stellt die Frage, wie trotz der Ambivalenz gegenüber dem eigenen Körper eine „Fat Identity" neu definiert werden könne, die es ermögliche, für die eigenen Anliegen einzutreten und dennoch die Effekte von Körper- und Gesundheitsdiskursen auf diese Identität einzubeziehen. Statt nach einem essentialistischem Identitätsverständnis fragt sie nach den *gemeinsamen Anliegen* der Bewegung. Um diese gemeinsamen Anliegen nach außen zu tragen, schlägt sie aus der Queer Politics entlehnte performative Praxen vor. Hierunter versteht sie unter anderem die sprachlichen Mittel, mit denen dicke Identität (um-)formuliert wird. Sie beschreibt die Wichtigkeit der Artikulation als Versuch, die Bedeutung von Dicksein in öffentlicher Wahrnehmung neu zu markieren. Diese Praxis verbindet sich mit der queeren Bewegung, die durch das Spiel mit Identitäten mit dem gender-binären Denken ebenso zu brechen versucht wie mit den normativen Vorstellungen eines Idealkörpers (vgl. ebd. 3- 6). Dicksein wird hier als Akt der Rebellion konzeptualisiert. Diese unbequeme Weigerung, sich an Normativität anzupassen begreift LeBesco als eine Form des Fettaktivismus, in dem Grenzen erweitert werden sollen. Andere fettaktivistische Perspektiven, die sich auf Gesundheit und Schönheit von dicken Menschen fixieren und damit in fatshion shows oder neuen Konsumprodukten für dicke Menschen münden, versteht sie hingegen als die Normativität stabilisierende Artikulationen (vgl. ebd. 65-73). Mit dieser Herangehensweise theoretisiert LeBesco das plurale Feld des Fettaktivismus, macht dessen vielseitige theoretische Bezüge greifbar und setzt ihn in ein Verhältnis zu den unterschiedlichen politischen Praxen.

Statt mit einer Verinnerlichung von aufgezwungenen Identitäten eine deterministische Haltung einzunehmen, plädiert sie dafür, die Position des Subjekts zu stärken und von der Möglichkeit der Neuformulierung auszugehen und hierin auch etwaige theoretische

Widersprüche auszuhalten (vgl. ebd.: 3). Cooper beschreibt diese Strategie als Möglichkeit einer radikalen sozialen Bewegung, die die Kraft für Veränderung aus ihren „eigenen wahrgenommenem Elend als Quelle der Stärke" (ebd.: 197, Übers. d. Verf.) ziehen könne und sich darüber hinweg setze, in dem sie sich weigere, konform oder höflich zu sein. Sie stellt hieraufhin mehrere queere, fettaktivistische Projekte vor und verbindet in ihrem Verständnis *queer* mit der Punk-Attitude der Riot Grrrl Szene (vgl. ebd. 200-215).

Dennoch können diese Queer Politics auch Nachteile mit sich bringen. Immer noch stellt sich die Frage der Zugehörigkeit: Wer nennt sich warum queer, und inwiefern erzeugt dieser Terminus einen neuen Widerspruch zwischen dekonstruktivistischem Anspruch und identitätspolitischer Formgebung? Welche Räume werden hier für wen geschaffen und welche Codes werden dafür verwendet? Wer fühlt sich von dem Anspruch, Identitäten aufzulösen, angesprochen, und braucht es für eine politische Formierung von Bewegung nicht auch identitätsstiftende Momente? Die Anliegen der Bewegung können bei einem uneindeutigen Profil außerdem schneller überhört werden (vgl. Schorb 2015: 226).

Queer-politisch und intersektional – eine neue Verbindung

Queer Politics und Intersektionalität werden erst in einem neueren intersektional-queeren Selbstverständnis der beiden Haltungen zusammengedacht. Sie haben in ihren Herangehensweisen und Genealogien nicht immer Synergien gebildet, sondern wurden in ihren theoretischen Zugängen lange nicht miteinander verbunden. Dies gründete „erstens [in] der relativen Abwesenheit von Sexualitäten in der Theoretisierung von Intersektionalität [der] Gender Studies und zweitens [in] einem langen Schweigen zu Intersektionalität in einer eher Weißen Genealogie der Queer Theory" (Dietze/ Haschemi Yekani/ Michaelis 2007: o. S.).

Bereits Crenshaw grenzte die Intersektionalität von den antiessentialistischen Denkfiguren der *Queer Politics* ab, da diese „die Wirkmächtigkeit sozial konstruierter Kategorien fehldeuteten" (Crenshaw 1991: 1299 nach Chebout 2012: o. S.). Sie sah im Gegensatz zu dem dekonstruktivistischem Verständnis postmoderner Ansätze eine Notwendigkeit in der Bildung von kollektiven Identitäten und verstand den Intersektionalismus als Möglichkeit, die Relationen verschiedenster Identitäten einzubeziehen und in Koalitionen zu verbinden (vgl. ebd.).

Durch die Verbindung beider Zugänge jedoch eröffnete sich die Möglichkeit, die sozialen Kategorien in ihren Intersektionen wahrzunehmen, gleichzeitig die „Normalisierungsarbeit" (Dietze/ Haschemi Yekani/ Michaelis 2007: o. S.) der Hegemonien wahrzunehmen und die identitätspolitischen Strategien als Teil dieser Normalisierung zu hinterfragen (vgl. ebd.).

Diese theoretischen Bezüge zur Intersektionalität und Queer-Theorie werden in der Fat-Acceptance-Bewegung aufgegriffen und zu einem Teil der politischen Praxis der Bewegung. Das ideologische Feld der Bewegung spannt sich zwischen den verschiedenen Herangehensweisen auf und erfasst in seiner Heterogenität verschiedene gesellschaftspolitische Themenbereiche. So eröffnet die machtpolitische Brille der Intersektionalität, die verschiedene soziale Kategorien und die Verschränkungen der Diskriminierungsformen mit einbezieht, in der Kombination mit einem dekonstruktivistischen Verständnis von Identität(en) als uneindeutig und beweglich die Möglichkeit „Macht nicht nur in den Sphären der Repräsentation, sondern auch in den materiellen Verhältnissen anzusiedeln, aber sie dabei gleichzeitig als dynamisch und veränderbar zu begreifen" (ebd.).

Immer deutlicher zeichnet sich ab, dass die Diskurse innerhalb der Bewegung auf neuen Plattformen und Aktionen, im universitären Kontext und auf Konferenzen mehr und mehr ein queerfeministisches Paradigma erkennbar werden lassen, in das eine intersektionale Haltung eingebunden wurde.

Eine eindeutige Positionierung oder Zuordnung zu einer ‚Bewegung' wie dem Feminismus oder dem Queer-Feminismus ist dennoch nicht möglich. Denn die theoretischen Einflüsse – wie die Körperdiskurse aus der feministischen Theorie, essentialistische Vorstellungen vom Dicksein im Gegensatz zum dekonstruktivistischen Verständnis von Körper und Geschlecht der Queer-Theorie, und der Intersektionalismus – bringen differierende Positionierungen hervor, welche teilweise zusammenhängend und sich teilweise gegenüberstehend ein Feld von Positionierungen und Praxen entstehen lassen. Cooper und Farrell verweisen auf die Unterschiede zwischen einem eher weißen, auf Feel-Good-Livestyle und Konsum ausgerichteten Fettaktivismus, der sich mit einer genetischen Disposition im Gesundheitsdiskurs legitimieren will und einer sich hierzu im Widerspruch befindenden, radikaleren Position, die sich mit ihren queeren Strategien nicht vor Provokation scheut, sich vom Gesundheitsdiskurs abgrenzt und eine gesamtgesellschaftliche Veränderung anstrebt: Diese Unterschiede befinden sich im Prozess und werden in der Bewegung zurzeit kontrovers diskutiert. Schorb differenziert hier eher zwischen zwei Positionen, die er „Fat-Acceptance-Bewegung" und „Anti-Diät-Bewegung" nennt.

Der radikale Fettaktivismus, der sich mit einem queerem Selbstverständnis performativer Praxen gegen Normativität und Anpassung auflehnt, bricht mit den Körperidealen und möchte eine Neumarkierung von Körperfett erwirken, ohne sich gesundheitspolitisch legitimieren zu müssen. Mit der affirmativen Selbstbezeichnung als „Fat", die durchaus auch eine provokante Haltung in Anspruch nimmt, ermächtigt er sich nicht nur, er verunsichert und entlarvt diejenigen, die Körperfett als etwas Krankes oder Verabscheuenswürdiges wahrnehmen. Über das Thema der Körperpositivität gibt es deshalb zurecht Uneinigkeit, da eine essentialistische Vorstellung von Identität von vielen Akteur_innen der Bewegung abgelehnt wird. Insbesondere die Ausschlüsse, die durch diese Position erzeugt werden, aber auch das involviert sein im Gesundheitsdiskurs missfällt vielen queeren Fettaktivist_innen. Die Neuformulierung von Körperfett wird jedoch unberücksichtigt der Haltung zur Körperpositivität als Gemeinsamkeit aller Gruppierungen erkennbar: Die Artikulation erfolgt hier entweder *identitätspolitisch* oder mit dem Versuch, *performativ* neu zu artikulieren.

Der Intersektionalismus und die Queer-Theorie als wesentliche Bezüge bilden hier politische *Korrektive,* mit denen eine Selbstreflexion der Bewegung ermöglicht wird, die die materialistischen Machtverteilungen im Blick behält und dennoch die vereinfachenden Normalisierungen von Identität zu hinterfragen versucht. Selbsternannte queere Artikulationen, die mit einem identitätspolitischen Sprachduktus vorgehen verdeutlichen jedoch auch, dass auch hier keine klare Grenze zu ziehen ist. Der Begriff queer ist in seiner Begrifflichkeit sehr uneindeutig und wird deswegen vielseitig und auch aus identitätspolitischer Richtung verwendet. Eigentlich geht es im Zusammenhang mit queerfeministischen Positionen darum, Identitäten als Überlappungen, als beweglich und im Prozess begriffene Selbstbezeichnungen zu beanspruchen. So sollen

Räume für diejenigen entstehen, die außerhalb binärer, Cisgeschlechtlicher und heterosexueller Hegemonien, oder gewichtsprivilegierter Körperbilder leben. Deshalb bleibt der theoretische Widerspruch zwischen einer Identitätspolitik und dem Versuch, diese Identitäten aufzulösen eine Ambivalenz, die von den Akteur_innen ausgehalten und bearbeitet werden muss. Denn bei einem starren Identitätskonzept werden die Grenzen nur verschoben, die bestimmte Menschen ausschließen und so in Zonen von dem, was nicht sein darf, sperren.

Fazit

Die Positionen der Bewegung in ihrem weitgefächerten Zugängen darzustellen erschien mir als Möglichkeit einer Übersicht über die Diskurse und politischen Praxen der Bewegung, ihre Konzepte und Positionen. In der Beschäftigung mit dem Thema wurde für mich immer deutlicher, dass die Bewegung weitaus komplexere Hintergründe hat, als ich anfangs vermutet hätte, und dass sich inhaltliche und theoretische Spannungsfelder auftun.

Zu Beginn fragte ich mich noch, wie die Bewegung mit ihren Anliegen auch aus medizinischer oder psychologischer Sicht gehört werden könnte. Denn aus dieser Perspektive gibt es erste Rezeptionen der Bewegung, zum Beispiel bei der Fachkonferenz für Ethnomedizin am Institut für Public Health und Pflegeforschung in Bremen (vgl. Schorb 2015b). Neben der Wirkmächtigkeit dieser Perspektive, so fand ich, könnte eine empirische Forschung zu den Auswirkungen einer selbstermächtigenden Positionierung als dick_fett auf die psychische und körperliche Gesundheit neue Argumente für die Bewegung liefern. Doch je verständlicher mir das Anliegen dicker_fetter Artikulationen wurde, die medizinische Perspektive aus der Bewegung herauszuhalten, desto unnötiger und überflüssiger erschien mir diese Wahrnehmung. Eine Legitimation ist aus dieser Warte nicht nötig. Mehr noch: sie ist schlicht nicht gewollt.

Der Fettaktivismus weist darauf hin, dass es bei dem ‚Adipositas-Narrativ' um weit mehr geht als um eine Sorge um die medizinischen Risiken von Körperfett. Sie stellt die hegemonialen Deutungen von Ursache und Wirkung aktueller Problemlagen von

85

dicken Menschen in Frage und rückt die negativen Folgen eines ableistisch konstruierten Idealkörpers als eigentliches Problem in den Mittelpunkt.

Gesundheitspolitische Diskurse verknüpfen Erkrankungen als Folge von Körpergewicht oft mit Betonung der Eigenverantwortung, ohne die Machtverhältnisse und gesellschaftlichen Strukturen, in die das Dicksein eingebettet ist, einzubeziehen. Deswegen grenzt sich der queere Fettaktivismus von diesem Diskurs ab und fordert einen Schutz der Würde als Person, unabhängig von den Körpermaßen.

Auch für dünne Menschen bieten fettakzeptierende und fettaktivistische Artikulationen die Möglichkeit, etwas davon zu lernen. Es ging mir bei der Beschäftigung mit diesem Thema unter anderem auch darum, eigene Wahrnehmungen zu überprüfen und mich zu öffnen für eine Perspektive außerhalb meiner alltäglichen Erfahrungswelt. Abgesehen von meiner persönlichen Auseinandersetzung mit Körperscham und der Angst davor, ‚zu dick' zu sein oder zu werden, spielen dicke_fette Erfahrungswelten nicht in meinem, dafür aber im Leben von Freund_innen, Verwandten und Bekannten eine Rolle. Eine unvoreingenommenere und selbstkritische Haltung gegenüber dicken_fetten Personen einzunehmen und das äußere Erscheinungsbild nicht unreflektiert auf eine vermeintlich ungesunde Lebensweise zu übertragen, hilft dabei, eigene stigmatisierende Haltungen zu hinterfragen. Das ist eine wichtige Grundlage, für ein respektvolles Miteinander – die eigene Rolle bei der Wiederholung von Stereotypen wahrzunehmen. Die Artikulationen dicker_fetter Menschen einzubeziehen eröffnet die Möglichkeit, die Heterogenität von Lebensentwürfen dieser Menschen anzuerkennen, anstatt auf vereinfachende Stereotype zurückzugreifen.

Der nächste Schritt ist für dünne Menschen, sich mit dicken_fetten Menschen zu solidarisieren, ihre Körperlichkeit mitzudenken und fettfeindliche Körperbilder öffentlich zu hinterfragen. Es sollte nicht, und nicht nur bei diesem Thema, darum gehen, andere auf ihre individuelle Verpflichtung ihrer Gesundheit gegenüber zu verweisen. Es sollte eher darum gehen, sie als Menschen mit Wünschen nach Autonomie und Anerkennung, mit einem eigenen Begehren und einer eigenen Persönlichkeit sichtbar zu wissen.

Die Auseinandersetzung mit fettfeindlichen Körperbildern und -idealen hilft Menschen aller Körpergrößen, die Erwartungen, die an unsere Körper gestellt werden, zu verstehen. Wovon die kontinuierliche Sorge vor einer Gewichtszunahme, vor einem „zu-dick-sein", vor einer falschen Ernährung genährt wird, und was für einen Einfluss das auf uns hat. Diese körperfeindlichen Bilder, die Krankheit, Verfall, Alter und alles vermeintlich Abweichende ablehnen, wirken wie Gift auf unser Selbstbewusstsein, auf unser Körpergefühl, auf unsere Wahrnehmung und damit auch auf unser Miteinander.

Das normierte und erstarrte Ideal eines jungen und sportlichen Körpers, in dessen Bereich nur ein kleiner Teil der Menschheit für einen kurzen Lebensabschnitt hineinpasst, verhindert außerdem eine ehrliche Auseinandersetzung mit der eigenen Verletzbarkeit und Sterblichkeit. Wir müssen dieses Ideal medienwirksam hinterfragen und damit aufhören, es zu reproduzieren.

Personen- und Sachregister

Literaturnachweise

Agamben, G. (2004) *The Open: Man and Animal.* Stanford.

Albrecht, Magda (2014) *Die politische Dimension von Fett.* Ak – analyse & kritik – Zeitung für linke Debatte und Praxis, Quelle: , Rev. 08.06.16.

Albrecht, Magda (2016) *Projekte.* Quelle: , Rev. 11.08.16.

Barlösius, Eva (2014) *Dicksein. Wenn der Körper das Verhältnis zur Gesellschaft bestimmt.* Frankfurt am Main: Campus Verlag.

Boltanski, Luc 1976 *Die soziale Verwendung des Körpers.* In: Kamper, Dietmar / Rittner, Volker (Hrsg.): *Zur Geschichte des Körpers.* München: Hanser, 138 – 183.

Bourdieu, Pierre (2001) *Meditationen. Zur Kritik der scholastischen Vernunft.* Frankfurt/Main.

Bruch, Hilde (1995) *Eßstörungen: Zur Psychologie und Therapie von Übergewicht und Magersucht.* Frankfurt am Main: Fischer Taschenbuch Verlag.

Butler, Judith (übersetzt von Karin Wördemann) (1997) *Körper von Gewicht: Die diskursiven Grenzen des Geschlechts.* 1. Aufl. Frankfurt am Main: Suhrkamp.

Butler, Judith (2004) *Undoing Gender*, New York: Routledge.

Campbell, F.A.K. (2008) *Explorin internalized ableism using Critical Race Theory.* Disability & Society, 23 (2) 151- 62.

Chebout, Lucy (2012): *Back to the roots! Intersectionality und die Arbeiten von Kimberlé Crenshaw.* Quelle: , Rev. 21.06.16.

Combahee River Collective ([1977] 1981): *A Black Feminist Statement.* In: Anzaldúa, G./ Cherrie Moraga, Cherrie (Hgg.): *This Bridge Called my Back: Writings by Radical Women of Color,* New York, S. 210-218.

Cooper, Charlotte (2016) *Fat Activism. A radical social movement.* Bristol: HammerOn Press.

Crenshaw, Kimberlé (1989): *Demarginalizing the Intersection of Race and Sex: A Black Feminist Critique of Antidiscrimination Doctrine.* In: The University of Chicago Legal Forum, S. 139-167.

Crenshaw, Kimberlé Williams (1991) *Mapping the Margins. Intersectionality, Identity Politics, and Violence Against Women of Color.* In: Stanford Law Review 43: 6, S. 1241-1299.

Davis, Angela (1982) *Rassismus und Sexismus. Schwarze Frauen und Klassenkampf in den USA.* Berlin: Elefanten Press.

Dietze, Gabriele/ Haschemi Yekani, Elahe/ Michaelis, Beatrice (2007) *Queer und Intersektionalität.* Quelle: http://portal-intersektionalitaet.de/theoriebildung/ueberblickstexte/dietzehaschemimic haelis/, Rev. 10.08.16.

Drüeke, Ricarda/ Zobl, Elke (2012) *Feminist Media. Participatory Spaces, Networks and Cultural Citizenship.* Bielefeld: transcript Verlag.

Elias, Norbert (2000)*The Civilisation Process.* Oxford.

Emcke, Carolin (2010) *Kollektive Identitäten. Sozialphilosophische Grundlagen.* Frankfurt/Main: Campus Verlag.

Farrell, Amy Erdman (2011) *Fat Shame. Stigma and the Fat Body in American Culture.* New York: New York University Press.

Foucault, Michel (1976) *Der Wille zum Wissen. Sexualität und Wahrheit 1.* Frankfurt am Main: Suhrkamp.

GgG (Gesellschaft gegen Gewichtsdiskriminierung e. V.) (2014) *Unsere Grundsätze.* Quelle: , Rev. 03.08.16.

GgG (Gesellschaft gegen Gewichtsdiskriminierung e. V.) (2014b) *Medizin.* Quelle: , Rev. 05.08.16.

Gilman, Sander (1985): *Difference and Pathology*, Ithaca.

Hall, Stuart/ Koivisto, Juha/ Merkens, Andreas Carls, Kristin (2013) *Ideologie, Identität, Repräsentation.* 4. Aufl. Hamburg: Argument-Verlag.

Hughes, Bill (2015) *Zivilisierung und ontologische Invalidierung von Menschen mit Behinderung.* In: Widersprüche. Heft 135, 35. Jg. Verlag Westfälisches Dampfboot, 121 – 131.

Kammler, C./ Parr, R./ Schneider, U. J. (2008) *Foucault Handbuch. Leben – Werk – Wirkung.* Stuttgart: J. B. Metzler.

Kight, Dagny (2014) *Uncovering the History of Fat Acceptance: Lew Lourderback's 1967 Article,* Quelle: http://www.powerfulhunger.com/powerful_hunger_blog/history-of-fat-acceptance-lew-louderback-1967-article/ , Rev. 27.07.16.

Lange, Katrin (2015) *Fat Acceptance. Was soll das eigentlich 2.0.* Quelle: http://reizende-rundungen.blogspot.de/2015/05/fat-acceptance-was-soll-das-eigentlich.html, Rev 27.03.17.

LeBesco, Kathleen (2004) *Revolting Bodies? The Struggle to Redefine Fat Identity.* Amherst: University of Massachusetts Press.

Lessenich, Stephan (2009) *Die Neuerfindung des Sozialen. Der Sozialstaat im flexiblen Kapitalismus.* Bielefeld: transcript Verlag.

Köbsell, S. (1993*) Eine Frau ist eine Frau...Zur Lebenssituation von Frauen mit Behinderung.* In: Barwig/Busch (Hrsg.) *Unbeschreiblich weiblich? Frauen unterwegs zu einem selbstbewussten Leben mit Behinderung.* München.

Kreisky, Eva (2008) *Fitte Wirtschaft und schlanker Staat.* In: Schmidt-Semisch, H./ Schorb, F. (2008) *Kreuzzug gegen Fette. Sozialwissenschaftliche Aspekte des gesellschaftlichen Umgangs mit Übergewicht und Adipositas.* Wiesbaden: VS Verlag für Sozialwissenschaften, S. 143-159.

Mann, Patricia S. (1994) *Micropolitics: Agency in a Postfeminist Era.* Minneapolis: University of Minnesota Press, S. 159.

Mollow, Anna/ Mc Ruer, Robert (2015) *Fattening Austerity.* Quelle: , Rev. 06.06.2016.

Mundlos, Christina (2011) *Schönheit, Liebe, Körperscham.* Marburg: Tectum Verlag.

Murray, S. (2008) *The ‚fat' female body.* London: Palgrave.

Neckel, Sighard (1991) *Status und Scham: Zur symbolischen Reproduktion sozialer Ungleichheit.* Frankfurt/Main [u. a.]: Campus-Verlag.

Orbach, Susie (1978) *Fat is a feminist Issue: How to Lose Weight Permanently – without Dieting.* London: Arrow Books.

Penny, Laury (2012) *Fleischmarkt.* Hamburg: Edition Nautilus.

Perko, Gudrun (2006) *Queer-Theorien als Denken der Pluralität: Kritiken –Hintergründe – Alternativen – Bedeutungen.* In: Quer. Lesen denken schreiben, Hg. Alice-Salomon-Fachhochschule, Nr. 12/06, Berlin. Quelle: , Rev. 09.08.16.

Rommelspacher, Birgit (2009) *Intersektionalität. Über die Wechselwirkung von Machtverhältnissen.* Quelle: , Rev. 21.06.16.

Saguy, A. C. / Ward, A. (2011) *Coming Out as Fat Rethinking Stigma.* Social Psychology Quarterly, 74(1), S. 53-83.

Silberstein, L./ Striegel-Moore, R./ Rodin, J. (1987): *Feeling Fat: A Woman's Shame* in: Lewis, Helen B. (Hg.): *The Role of Shame in Symptom Formation*, Hillsdale: Lawrence Erlbaum, S. 81-108.

Schorb, Friedrich (2015) *Die Adipositas-Epidemie als politisches Problem. Gesellschaftliche Wahrnehmung und staatliche Intervention.* Wiesbaden: Springer Fachmedien.

Schorb, Friedrich (2015b) *Fat Acceptance, Health at Every Size und Fat Studies. Alternativen zur Pathologisierung dicker Körper.* Quelle: , Rev. 01.08.16.

Schetsche, M. (2008) *Empirische Analyse sozialer Probleme: das wissenssoziologische Programm.* Wiesbaden: VS Verlag für Sozialwissenschaften.

Schmidt-Semisch, Henning/ Schorb, Friedrich (2008) *Einleitung.* In: Schmidt-Semisch, H./ Schorb, F. (2008) *Kreuzzug gegen Fette. Sozialwissenschaftliche Aspekte des gesellschaftlichen Umgangs mit Übergewicht und Adipositas.* Wiesbaden: VS Verlag für Sozialwissenschaften, S. 7-20.

Stearns, Peter N. (1997) *Fat History: Bodies and Beauty in the Modern West.* New York: New York University Press.

Stein, Judith A./ Hoffstein, Beryl-Elise (1980) *Proceedings of the First Feminist Fat Activists' Working Meeting: April 18-20, New Haven, Ct.* Minneapolis: Fat Liberator Publications.

Stockmeyer, Anne-Christin (2004) *Identität und Körper in der (post)modernen Gesellschaft.* Marburg: Tectum Verlag.

Souza, Paula de/ Ciclitira, Karen E. (2010) *Men and Dieting: A Qualitative Analysis.* Journal of Health Psychology, Jg. 10, H. 4, S. 547-567.

Transinterlesbianfeminist (2016): *Fat Acceptance*. Quelle: http://transinterlesbianfeminist.blogsport.de/2016/11/19/fat-acceptance-le-24-11/, Rev. 27.03.17

Walgenbach, Katharina (2012): *Intersektionalität – eine Einführung*. Quelle: http://portal-intersektionalitaet.de/theoriebildung/schluesseltexte/walgenbach-einfuehrung/, Rev. 28.05.16

Wardle, Jane/Williamson, Sara/Johnson, Fiona/ Edwards, Carolyn (2006) *Depression in Adolescent Obesity: Cultural Moderators of the Association between Obesity and Depression Symptoms*. International Journal of Obesity, Jg. 30, S. 634 - 643

Weingarten, Susanne (2007) *Achtung, die Dicken kommen*. Quelle: , Rev. 02.08.2016

WHO (World Health Organization) (2000) *Obesity: preventing and managing the global epidemic*. WHO Technical Teport Series 894 Quelle: http://www.who.int/nutrition/publications/obesity/WHO_TRS_894/en/, Rev. 22.03.2017.

Wolf, Naomi (1992) *Der Mythos Schönheit*. Reinbek bei Hamburg: Rowohlt.

www.marta-press.de

Aus unserem Programm...

Jana Reich, 3. Auflage 2014:
"Übersehene Kinder. Biografien erwachsener Töchter von Borderline-Müttern"

Ulla Rogalski, 2014:
"Ein ganzes Leben in einer Hutschachtel. Geschichten aus dem Leben der jüdischen Innenarchitektin Bertha Sander 1901-1990"

Johannes Ungelenk, 2014:
"Sexes of Winds and Packs. Rethinking Feminism with Deleuze and Guattari"

Anika Meier, 2016:
"All Dolled Up. Möglichkeiten der Transformation in der Praxis des *Female Masking*"

Robert Scheer, 2016:
"Pici. Erinnerungen an die Ghettos Carei und Satu Mare und die Konzentrationslager Auschwitz, Walldorf und Ravensbrück"

Franziska Börnicke, 2016:
"Subjektbildungsprozesse bei Trans*Jugendlichen"

Ulrike Schneeberg, 2016:
"Making Boys and Girls in Picturebooks with Monsters"

Agnes Betzler, Katrin Degen, 2016:
"Täterin sein und Opfer werden? Extrem rechte Frauen und häusliche Gewalt"

Ilse Jung, 2016:
"RuhrgeBEATgirls. Die Geschichte der Mädchen-Beatband *The Rag Dolls* 1965 - 1969"

Laura Bensow, 2016:
"»Frauen und Mädchen, die Juden sind Euer Verderben!« Eine Untersuchung antisemitischer NS-Propaganda unter Anwendung der Analysekategorie Geschlecht"

Rosa Strippe e. V. (Hg.), 2016:
"Ausgrenzung - Verfolgung - Akzeptanz. Festschrift zum 35. Geburtstag des Vereins Rosa Strippe"

Antje Neumann, 2016:
"Geschlechterverhältnisse verändern. Formen queerfeministischer Interventionsstrategien"

Luisa Talamini, 2017:
"Migrantinnen in der Krise des Care-Modells am Beispiel Italiens"

Ulrike Schneeberg, 2017:
"Monster zähmen – Ein Übungs- und Unterhaltungsbuch für Geisteswissenschaftler*innen auf Jobsuche"

Juliane Lang, Ulrich Peters (Hg.), 2017:
"Antifeminismus in Bewegung"

Lerke Gravenhorst / Ingegerd Schäuble (Hg.), 2018:
"Fatale Männlichkeit. Der NS-Zivilisationsbruch. Ein neuer Blick"
Mit Beiträgen von Hanne Kircher, Jürgen Müller-Hohagen und Karin Schreifeldt.

Jana Reich, 2018:
"»Nichts in meinem Leben ist normal, nichts...« Die Traumata im Leben der Künstlerin Eva Hesse (1936-1970)"

www.ingramcontent.com/pod-product-compliance
Lightning Source LLC
Chambersburg PA
CBHW031437270326
41930CB00007B/757